헬로우 버디

Hello Buddy

반려동물 버디와 허벌리스트 아빠의 친환경 건강 생활

* 반려동물을 위한 메디컬 허브의 활용은 수의사 및 관련 전문가 상담을 권장합니다.
* 본 출판물의 모든 캐릭터 이미지와 그래픽 콘텐츠는 저작권법의 보호를 받습니다.

Hello Buddy

헬로우 버디

아이즌 심 지음

 라에나무

헬로우 버디. 우리들의 첫 인사

"비밀을 간직한 버디(Buddy)"

안녕하세요. 저는 이 책의 주인공, 아빠가 가장 사랑하는 반려견 버디예요. 골든 리트리버고요, 이제 막 세 번째 생일을 맞은 여자아이예요.

아빠를 만나기 전, 저는 함께 지내던 가족과 형제들을 떠나 보호소에서 지내게 되었어요. 낯선 환경과 익숙하지 않은 냄새들 속에서 제 마음은 점점 작아졌고, 사람의 손길도 조금은 무섭게 느껴졌죠. 그런데 어느 날, 아빠가 나타났어요. 저를 바라보는 눈빛이 따뜻하고 다정해서 처음으로 사람이 무섭지 않을지도 몰라 하는 생각이 들었어요. 그 순간 제 마음속 두려움은 눈 녹듯 사라졌고, 아빠와 꼭 함께 있고 싶어졌답니다.

아빠는 허벌리스트예요. 숲이나 들판 속에 숨어 있는 보물 같은 풀과 꽃들을 찾아내고, 그 가치를 사람들에게 알려주는 일을 하세요. 아빠랑 산책을 하다 보면 저도 자연스럽게 숲의 이야기를 배우게 돼요. 풀잎 하나, 꽃송이 하나에도 특별한 힘이 있다는 걸 조금씩 알게 되었죠. 제가 아프거나 기운이 없을 때마다 아빠는 신기한 허브 간식이나 향기로운 허브티로 저를 돌봐 주세요. 그럴 때면 몸도 마음도 편안해지고, 아빠의 사랑이 더욱 깊이 느껴져요.

쉿! 그리고 저에겐 아빠와 저만 아는 특별한 비밀이 있어요. 사실 저는 아빠의 말을 알아들을 수 있답니다. 어떻게 이런 힘이 생겼는지는 저도 잘 몰라요. 다만 처음 아빠랑 눈을 마주쳤을 때, 제 마음속 깊이 숨어 있던 사랑과 믿음이 깨어나면서 사람의 말이 들리기 시작했어요. 그날 이후 아빠와 저는 서로 이야기를 나눌 수 있게 되었고, 그 비밀은 우리 둘만의 소중한 약속이 되었답니다.

저처럼 입양을 통해 새로운 가족을 만난 친구들이 많

을 거예요. 그런데 우리 같은 동물에게는 새로운 집과 낯선 사람이 조금 무서울 수 있거든요. 불안해서 밥을 잘 먹지 못하거나, 깊이 잠들지 못할 때도 있어요. 그럴 때 아빠가 저를 돌봐 주셨던 것처럼, 가족분들이 조금만 더 기다려 주셨으면 좋겠어요. 그리고 꼭 기억해 주세요. 풀과 나무가 가득한 숲이나 공원, 자연 속에서 함께 보내는 시간은 우리에게 정말 큰 행복이 된답니다.

이 책을 읽는 모든 반려동물 가족들이 더 건강하고 행복한 시간을 만들어 가셨으면 해요. 그게 바로 아빠와 제가 우리의 이야기를 《헬로우 버디》에 담아 나누게 된 이유예요. 모두 행복하세요. 헤헤 🐶

"자연을 닮은 아빠(Daddy)"

안녕하세요. 저는 이 책의 주인공, 버디의 아빠입니다.

뉴질랜드에서 국제 허벌리스트로 활동하고 있습니다. 자연이 주는 선물, 메디컬 허브를 연구하고 그 기능성 성분을 활용한 제품과 서비스를 디자인하는 전문가입니다. 허벌리스트는 자연의 지혜를 일상 속에 담아내는 일을 합니다. 식물의 유효성분이 사람

과 동물의 건강에 어떻게 작용하는지 이해하고, 자연스러운 방식으로 삶에 녹여내는 사람이죠.

사람들의 건강을 위해 오랫동안 허브를 다뤄 왔지만, 한 생명을 직접 책임져야 하는 반려견 입양은 제게 쉽지 않은 결정이었습니다. 어린 시절 함께했던 반려견과의 이별이 마음속에 오래도록 그리움으로 남아 있었기

때문입니다. 그래서 다시 누군가를 가족으로 맞이하는 일이 조금은 두렵게 느껴졌습니다.

그러나 보호소에서 버디를 처음 만난 순간, 그 친근한 눈빛이 제 안의 망설임을 단숨에 녹여 주었습니다. 그 날 이후 버디는 제 삶에 들어와 제가 걸어갈 또 다른 길을 밝혀 주었습니다. 버디와 함께 지내며 저는 웃음과 눈물, 기쁨과 걱정을 모두 경험했습니다. 그 모든 시간 속에서 제가 깨달은 건, 허벌리스트인 제가 버디에게 줄 수 있는 가장 큰 선물이 바로 친환경 건강 생활Eco-Healthy Life 이라는 사실이었습니다.

사람들은 친환경이라고 하면 흔히 보호라는 단어를 먼저 떠올립니다. 하지만 저는 친환경 생활의 진정한 의미는 보호를 넘어 공존에 있다고 믿습니다. 엄마의 품처럼 포근한 자연 속에서 사람과 동물, 그리고 식물이 함께 공존하며 행복하게 살아가는 삶, 그것이 제가 말하는 친환경 건강 생활입니다.

버디가 매일 안전하게 먹고, 마시고, 쉴 수 있는 환경을 지켜주는 것, 그리고 함께 몸과 마음을 치유하는 자연의 선물을 나누는 것. 그것이 제가 버디에게 전할 수 있는 사랑의 모습이었습니다. 이러한 마음으로 저는 이 책《헬로우 버디》의 출판에 함께하게 되었습니다. 이 책에는 버디와 나눈 대화, 우리가 함께한 일상, 그리고 식물이 전해주는 잔잔한 지혜들이 담겨 있습니다.

이 책을 읽는 모든 분이 사랑하는 반려동물과 함께 조금 더 건강하고 행복한 길을 걸어 가시면 좋겠습니다. 버디와 저의 이야기가 여러분께 작은 위로와 힘이 되기를 소망합니다.

따사로운 햇볕과
호수의 향기로운 바람을 함께 나누며.

Daddy & Buddy

첫 번째 이야기. **만 남**

"내 이름은 버디"

차 례

두 번째 이야기. **동 행**

"이젠 가족이야"

세 번째 이야기.　약 속

"함께라서 행복해"

"내 이름은 버디"

66

식물이 내쉰 숨을 우리가 마시고,
우리가 내쉰 숨은 식물이 다시 마셔.
이렇게 서로 호흡을 주고받으면,
어느새 숲은 치유의 공간이 되는 거야.

이름을 부르면 웃게 되는 이유

버디야~!

네! 아빠! 불렀어요?

응. 네가 달려올 때마다
꼭 만화 속 주인공 같아서, 자꾸
웃음이 나와.

짧은 다리로 달려오는 게 어찌나
귀엽고 우스운지 몰라.

일하다가도 생각이 나서 자꾸
이름을 부르게 돼. ^^

헤헤 , 아빠가 부르면요,
다리가 저절로 움직여요.

아빠 목소리는 다정해서, 버디라고
부르는 소리만 들어도 신나요.

처음 우리 집에 왔을 때 기억나?
내가 널 안고 버디야, 버디야
하면서, 얼마나 웃었는지 몰라.

그때 참 신기했어. 그리고 솔직히,
널 잘 돌볼 수 있을지 걱정 됐어.

네, 그때 아빠가 저를 부르던
표정이 아직도 기억나요.

그때부터 제 이름이 특별하게
느껴졌어요.

버디 Buddy 는 영어로 좋은 친구라는
뜻이야.

아빠가 너랑 오래오래, 친구이자
가족으로 함께하고 싶은 마음을
담아 지은 이름이야.

와, 그런 뜻이었어요? 그래서 저를
부를 때마다 웃으셨던 거예요?

내 이름은 버디

19

응, 이름에는 마음이 담기니까. 네 이름을 부를 때마다 아빠 마음이 그대로 너한테 전해진다고 생각해.

정말 그래요. 아빠가 부르면, 그냥 소리인데도, 따뜻한 기분이 들어요.

아마도 그건 우리가 정말 서로를 버디라고 느껴서 그럴 거야.

아빠는 이름을 부를 때, 그 안에 마음이 담긴다고 생각해.

사랑하는 사람끼리는, 이름만 불러도 마음이 먼저 전해지거든.

아빠, 이름을 부르는 게 이렇게 중요한 일인 줄, 오늘 처음 알았어요.

그렇지? 누군가 네 이름을 불러준다는 건, 정말 고마운 일이야.

이름은 그냥 부르는 소리가 아니라,
서로를 이어주는 다리 같은 거거든.

오~ 아빠. 저 자주 불러주세요.
어디에 있어도 금방 달려갈게요!

물론이지, 마음껏 달려와. 아빠
품은 언제나 열려 있으니까.

네, 아빠, 벌써 꼬리가 막
흔들려요~

버디야~!

가요, 아빠! 슝슝슝~!

첫
번
째 만
남

22

Episode 2.

버디의 발바닥은 소중해

아빠, 밖에 비 오는 소리 들려요?
자꾸 듣고 있게 돼요.

그래? 빗소리가 좋구나.
가만히 들어보니 아빠도 좋다.

잔잔히 내리는 빗소리는 몸도
마음도 편안하게 해 주지.

비 오는 날엔 풀잎이나 나무 향기도
더 진하게 느껴져.

비가 그치면 우리 같이 나가보자,
공기가 신선하고 좋을 거야.

네. 좋아요! 풀 냄새도 맡고 싶고,
물웅덩이도 구경하고 싶어요.

그래 그러자. 비 오는 날은
땅도, 나무도, 공기도 새 얼굴을
보여주거든, 기분 전환도 될 거야.

대신, 땅이 젖어서 흙이 묻을 수 있으니까, 다녀오면 네 발바닥을 잘 닦아줄게.

아, 아빠! 전에 발에 발라주셨던 거 생각 났어요. 그거 이름이 뭐였죠?

오, 우리 버디 기억력 좋은데? 버디 포우 크림 그거 아빠가 만들어 줬었지.

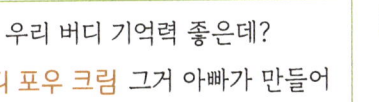

칼렌듈라 Calendula 허브랑 시어버터 Shea Butter 로 만든 건데, 아주 순하고 흡수도 잘돼.

네. 맞아요! 그때 등산 갔을 때도 발라주셨잖아요.

그렇지. 오늘 발바닥 관리 할 때 그걸 쓰자.

칼렌듈라 허브는 염증을 막아주고, 피부를 진정시키는 데도 좋아.

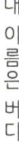

내 이름은 버디

그리고 오늘은 크림 바르기 전에,
따듯한 찜질부터 해보자.

찜질이요? 제 발에요?

응. 버디야 오늘은 허브팩을
만들어서 발 찜질을 해보자.
발이 따뜻해지면 몸이 훨씬
편해지고 면역에도 도움이 돼.

가만있자. 어떤 허브가 좋을까?

음, 에키네시아 Echinacea 랑
로즈마리 Rosemary 를 블렌딩한 허브
찜질팩 Herbal Compress 을 준비할게.
네 몸무게랑 나이에 맞춰 조절해서
말이야.

우와! 아빠가 만든 허브팩은
처음이에요. 어떤 느낌일지
궁금해요!

허브는 마시는 것만이 아니라
피부에도 쓸 수 있단다.
특히 강아지 발에 마사지를 해주면
혈액순환이나 신경안정에 도움이
되지.

아빠, 그럼, 허브를 주머니에 넣고
따뜻하게 해서 올려놓는 거예요?

응, 어떤 허브를 쓰느냐에 따라
조금 다르겠지만, 반려동물은
향기에 민감하니까, 아로마 오일
같은 건 쓰지 않는 게 좋아.

대신 천으로 감싸서, 성분이 천천히
스며들게 하면 가장 안전하지.

아~ 그렇군요! 허브는 이렇게 쓰는
방법이 많네요.

어떻게 아빠는 이렇게 척척 만들어
주세요? 너무 신기해요!

그건, 아빠가 자연의 목소리를
들을 수 있기 때문이지.

사실 숲속의 식물들과 허브는 늘
우리에게 말을 걸고 있어. 다만 그
속삭임이 너무 조용해서, 마음이
준비되어야 들을 수 있는 거야.

오~
아빠는 정말 자연을 닮았어요!

^^ 그래, 버디야.
우리도 자연의 한 부분이니까.

첫 산책, 그리고 낯선 친구

버디야, 오늘은 아빠랑 단둘이
밖으로 나가볼까? 공원 산책하러
말이야.

우와! 진짜요? 드디어 산책 가는
거예요?

그래, 그래. 아빠가 예쁜 핑크색
리드줄도 사 왔어.

아빠, 그 목에 거는 리드줄 꼭 해야
해요? 조금 어색해요.

이건 반드시 지켜야 할 약속이야.
밖은 우리만의 공간이 아니라,
이웃 모두가 함께 쓰는 곳이니까.

서로 배려하고, 기본 에티켓을
지키는 게 좋겠지?

네, 아빠. 그럼 리드줄만 하면
되죠?

첫 번째 만남

혹시 모르니까 배변 주머니도
챙기자. 강아지 전용 화장실은
없거든.

좋아, 이제 산책하러 나갈 준비 끝!
레츠 고!

근데 아빠... 여긴 조금 낯설어요.
그래서 약간 무섭기도 해요.

공원에 다른 강아지들도 있어요?
혹시 저를 보고 막 짖으면
어떡하죠?

괜찮아, 버디야. 넌 이제 혼자가
아니잖아. 아빠가 옆에 있을 거야.

주변이 조금 낯설더라도,
아빠가 함께 걸어줄게.

처음 만나는 친구들은 누구에게나
어색하니까, 천천히 익숙해지면 돼.

내 이름은 버디

네, 좀 안심돼요.

자, 벌써 공원에 도착했네.
오늘은 조용한 아침이라 산책하기
딱 좋다.

와~ 여기는 풀 냄새랑 나무 냄새가
너무 좋아요!

햇살도 따뜻하고요! 저 그냥 뛰어도
돼요?

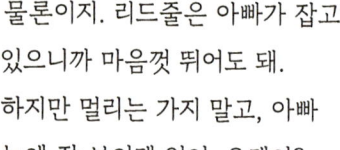
물론이지. 리드줄은 아빠가 잡고
있으니까 마음껏 뛰어도 돼.
하지만 멀리는 가지 말고, 아빠
눈에 잘 보이게 있어. 오케이?

네! 킁킁... 여기저기 냄새를
맡으니까 너무 재밌어요.

어?'저기 다른 강아지 한 마리가
있어요!

그래? 누굴까? 아, 이웃집 푸들
루나Luna네. 인사해 볼래?

아빠... 심장이 콩콩거려요.
어떻게 인사해야 해요?

그냥 천천히 다가가서, 엉덩이 냄새
인사만 해도 돼. 억지로 다가가지
말고, 네가 편한 만큼만.

음... 가까이 가니까 루나가 저를
살짝 보는 것 같아요. 저도 꼬리를
살살 흔들어 볼게요.

그래, 그렇게 해봐. 꼬리는
강아지들끼리 나, 괜찮은 애야라고
말하는 신호란다.

아빠, 루나가 저한테 다가와서
킁킁했어요! 저도 루나 냄새를
맡아볼게요.

맞아. 서로 냄새 맡는 건 정말
중요한 인사야. 네가 조심스럽게
다가간 것도 아주 잘했어.

루나의 몸짓을 보렴. 꼬리를
부드럽게 흔들고, 몸을 옆으로
돌렸지? 정면으로 마주 서지 않는
건 **나는 공격적이지 않아**라는
뜻이야.

그러니까 너도 눈을 똑바로 보지
말고, 천천히 다가가면 돼.

네, 저도 그러면 비슷하게 다가가
볼게요.

잘했어. 정말 기특하다, 우리 버디.
인사해 보니까 어때?

처음엔 조금 무서웠는데,
루나랑 인사하고 나니까 자신감이
생겼어요.

그렇지. 처음은 누구에게나 낯설고 떨리지만, 천천히 마음을 열면 기분 좋은 일들이 기다리고 있단다.

버디야, 오늘 정말 잘했어.

고마워요. 아빠.

다음엔 다른 친구들에게도 먼저 인사해 볼게요. 헤헤

다음 산책은 더 기대되네.
자, 그럼 기념으로 네가 좋아하는 쿠키 간식 하나 줄게.

우와! 루나랑 친구도 되고, 간식도 먹고, 오늘 최고예요!

우리 버디 정말 용감했어.
아빠는 너무 뿌듯해.

내 이름은 버디

아빠 덕분이에요. 겁나지 않게 곁에
있어 줘서요.

그래, 앞으로도 이렇게 해보자.
우린 한 팀이잖아.

항상 함께 걸어가는 거야.
우리 속도대로.

네, 아빠. 저 이제 산책할 때마다
더 용감해질 거예요.

다음번엔 친구 다섯 명 사귀는 게
목표예요. 헤헤 🐶

하하 😎, 그래그래.
그 목표 아주 좋은데?

그럼, 내일 아침 일찍 또 나가 보자.

우리 둘만의 기념일

버디야, 오늘이 무슨 날인지 알아?
네가 처음 우리 집에 온 지 **딱** 일년
째 되는 날이야.

기억나요, 아빠. 그날 저, 보호소
작은 방 안에 있었거든요.
그런데 갑자기 문이 열리더니 아빠
웃는 얼굴이 보였어요.

그때 아빠가 **헬로우** 하며
부드럽게 안아줬잖아요.
그 냄새가 참 좋았어요.

사실 처음엔 아빠도 많이 고민했어.
어떻게 해야 너한테 정말 잘해줄 수
있을지.

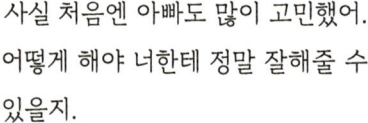

그래서 집으로 데리고 온 뒤에
나름대로 노력은 했지.
케이크도 준비하고, 사진도 찍고.
그땐 그게 사랑을 표현하는
방법이라 생각했는데,

지금 돌아보면 아빠도 조금
서툴렀던 것 같아.

그때는 갑자기 다른 세상에 온 것
같아서 어리둥절했어요.

낯선 사람들도 많았고, 소리도
시끄럽고, 아빠는 엄청 바쁘게
사진 찍고 있었거든요.

맞아. 그날 네가 갑자기 소파 뒤로
숨어버렸을 때, 뭔가 잘못됐구나
싶더라.

널 위한 날이었는데, 정작 네
마음은 잘 몰랐던 것 같아.

괜찮아요, 아빠. 그래도 그날
제 이름이 생겼잖아요.

아빠가 버디 Buddy 라고 이름을
지어줬으니까요.

하하 , 그랬지. 이름을 부르면
안기는 네 모습이 참 신기했어.

어떻게 자기 이름을 아는 걸까,
궁금하기도 했지.

 헤헤 , 이상하게도 아빠
목소리는 제 귀에 잘 들려요.

그리고 오늘은요, 아빠가 목줄에
예쁜 리본도 묶어주고, 좋아하는
고구마 간식도 주셔서 너무
좋았어요.

같이 산책도 다녀오고, 마당에서
햇볕 쬐면서 맛있는 것도 먹었고요.

지난 해 생각이 나서, 버디가
좋아하는 산책을 다녀온 거야.
그런데 오늘은 네가 나보다
앞장서서 걷더라. 아빠가 늘
이끌었는데 말이지.

제가 앞서 걸으니까 더
신나더라고요. 그래서 꼬리를
흔들면서 즐겁게 걸었어요.

잘했어, 버디. 네가 즐겁다면
아빠도 좋아.

그리고, 문득 그런 생각이 들었어.

행복이란 게 꼭 멀리 있지 않다는
거. 멀리 가지 않아도 괜찮고, 높은
곳에 오르지 않아도 좋아. 이렇게
함께 걷는 지금이 진짜 행복해.

저는 이렇게 아빠 옆에 딱 붙어
있는 것만으로도 좋아요.

오늘은 그 때처럼 케이크도 없고,
북적이던 사람들도 없지만, 오히려
지금이 훨씬 더 좋다.

네가 아빠 곁에 있는 하루하루가,
다 기념일이지 뭐.

버디야, 널 만난 건 아빠에게
최고의 선물이야.

헤헤 🐕, 아빠.
제가 더 큰 선물을 받은 거예요.
아빠라는 선물요.

Episode 5.

두려움에 맞서기

버디야, 방금 또 쿵 소리 났지?
괜찮아? 많이 놀랐어?

살랑거리던 꼬리가 멈췄네.

으응... 아빠, 방금 그 소리 너무
컸어요. 쿵. 쿵. 갑자기 들리니까
깜짝 놀랐어요. 그게 뭐예요?

이런, 우리 버디. 태어나서 처음
듣는 소리였겠네.

그건 말이야, 하늘에서 구름이
서로 부딪치면서 나는 소리야.

사람들은 그걸 천둥이라고 해.
오늘처럼 비 오는 날엔 종종
들리지.

버디 너는 청각이 사람보다 훨씬
예민하니까, 많이 놀랐을 거야.

맞아요, 아빠. 멀리서 들려오는
건 괜찮은데, 갑자기 쾅! 하면
머릿속이 하얘져요. 마음도
불안하고요.

그럴 수 있지. 놀라는 건 아주
자연스러운 거야.

아빠도 어릴 때 천둥소리 들으면
너무 무서워서, 엄마 품에 숨곤
했거든.

그러니까 버디가 무서운 것도
당연하지.

그래서, 방금도 침대 밑에 숨은
거예요.

들리는 소리가 뭔지 모르지만,
몸이 먼저 움찔했어요.

그래~ 괜찮아. 아빠가 있잖아.

음... 이럴 땐 뭐가 좋을까?
아, 지난번에 만들어 둔 허브
오일을 써보자.

직접 키운 라벤더 Lavender 로
만든 거야. 마음을 차분하게
해주기 때문에 아빠가 **버디 진정
오일**이라고 이름 붙였지.

그때 허브 정원에서 몇 송이 따올
때, 너도 옆에 있었잖아. 기억나지?

네, 아빠! 그때 제가 라벤더 줄기
입에 물고 뛰어다녔잖아요.

그 향기 아직도 기억나요. 코끝이
간질간질했거든요.

응, 그랬구나. 라벤더는 향이 너무
강하지 않으면, 마음을 진정시키는
데 도움이 돼.

자, 이제 아빠가 허벌리스트 체험 수업 때 보여줬던 강아지용 귀 마사지를 해줄게.

이렇게 귀 뒤를 부드럽게 만져주고, 목 아래를 따라 천천히 내려오면 기분이 훨씬 좋아질 거야.

네, 벌써 마음이 편안해지는 느낌이에요.

이번엔 이쪽 귀도 부드럽게... 어때, 괜찮아?

오~ 아빠... 간질간질한데 기분이 좋아요. 무섭던 생각도 사라지는 것 같아요.

그럴 거야. 긴장된 근육이 풀리면 마음도 함께 편안해지거든.

오~ 아빠 손이 약인 듯!

내 이름은 버디

그거 알아? 아빠는 네 몸짓이랑
표정을 늘 살펴보고 있는 거.

밥을 잘 안 먹거나, 갑자기 구석에
숨어버리거나, 발을 계속 핥을 때는
분명 이유가 있거든.

특히 너처럼 감각이 예민한
강아지는 작은 변화에도 크게
반응하니까,
아빠가 더 신경 쓰게 돼.

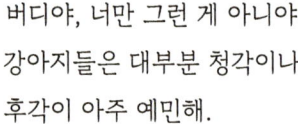

다른 강아지들도 그래요? 아니면
저만 그런 걸까요?

버디야, 너만 그런 게 아니야.
강아지들은 대부분 청각이나
후각이 아주 예민해.

넌 오히려 건강한 편이야. 감각이
섬세하다는 건, 그만큼 세상을 더
잘 느낀다는 뜻이니까.

그래서 아빠는 버디 네가 더
특별하다고 생각해.
그 섬세함 덕분에 아빠랑 더 깊이
교감할 수 있잖아.

아~ 그렇구나. 그래서 아빠 옆에
있으면 마음이 편해지는구나.

그건 아마 사랑 때문이겠지.
^^

버디를 만나고 나서 아빠도 참 많은
걸 배우고 있어.

오늘처럼 무서운 천둥을 함께
견디는 것도, 우리 사이를 더 가깝게
해 주는 시간이야.

네~ 그러네요, 아빠.

어때? 버디야.
이제 조금 편안해졌지?

자, 그럼, 레몬밤 Lemon Balm 허브티도 마셔보자. 마음이 한결 차분해질 거야.

네, 아빠. 고마워요.

유어 웰컴. 오늘도 버디 덕분에 또 하나 배웠네.

두려움은 그냥 사라지길 기다리는 게 아니라, 사랑하는 이와 함께 마주해야 한다는 걸.

양말 도둑 사건의 전말

어? 운동화 옆에 있던 양말 한 짝이 어디 갔지?

분명 세탁 바구니에 넣기 전에 벗어놨는데...

음.... 아빠, 혹시 그게 회색 줄무늬 양말이에요?

그래, 버디야. 본 적 있니?

헤헤 . 사실은 아빠 없을 때 제가 물고 놀았어요.

그 양말에서 아빠 냄새가 나서요. 미안해요, 아빠.

그게 폭신폭신해서 장난감 인형 같거든요. 그래서 입에 물고 놀다가... 그만...

아하! 그래서 자꾸 내 양말이
사라졌던 거구나.

외출하고 돌아올 때마다 하나씩
없어졌던 이유를 이제야 알겠네.

아빠 양말 물고 방 끝까지
달리면요, 뭔가 **찾아봐요!** 하는
놀이 같아요.

그래서 어제도 저기 구석에
쪼그리고 앉아있었던 거구나.
네 표정이 딱 뭔가 숨기고 있는
눈치였지. ^^

헤헤 , 맞아요. 그냥 아빠랑 놀고
싶었어요. 아빠가 없거나 바쁠 땐
말 걸기가 어렵잖아요.

그럴 때 양말을 가져가면 아빠가
오시니까, 그때 잠깐이라도 아빠의
관심을 받으면 좋거든요.

아하! 그게 우리 버디의
놀아달라는 신호였구나.
아빠가 몰랐네.

네, 양말이 꼭 아빠의 관심을
부르는 마법 같았어요.
그래서 자꾸 물고 놀았나 봐요.

이제 보니까,
버디 네가 훔쳐 간 건 양말이 아니라
아빠 마음이었네. ^^

오~ 아빠, 그런 말 너무
감동이에요.

그럼, 이제부턴 몰래 안 가져갈게요.
대신 같이 놀자고 말해도 되죠?

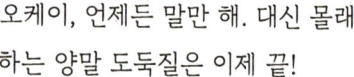

오케이, 언제든 말만 해. 대신 몰래
하는 양말 도둑질은 이제 끝!

네~ 약속! 근데 아빠, 양말 숨기기
놀이 가끔 해도 돼요? 재밌단
말이에요~

하하 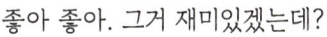, 좋아. 우리 주말에 양말
찾기 게임 한번 제대로 해볼까?
이번엔 아빠가 숨기고, 버디가
찾아보는 거야. 어때?

진짜요? 우와! 신나요! 이번엔 제가
아빠 양말 지켜드릴게요!

아니면 제가 먼저 숨겨볼게요!
아빠가 저처럼 열심히 찾아보세요!

좋아 좋아. 그거 재미있겠는데?

저 진짜 잘 숨겨요!
쿠션 밑에도, 소파 뒤에도, 아빠
옷걸이 사이에도 숨겨봤다니까요.
아빠는 전혀 몰랐죠?

그랬구나! 어쩐지 세탁기 앞에 뒀던 양말들이 계속 사라지는 거야. 양말 도둑의 정체가 바로 너였네!

암튼, 오늘부터 새 양말은 버디 금지 구역으로 지정한다. 대신 낡은 양말은 놀잇감으로 따로 준비해 줄게.

와~ 좋아요! 그럼, 그 양말로 다양한 놀이를 할 수 있겠네요! 던지고, 굴리고, 숨기고, 또 냄새도 맡고요!

참, 그러고 보니 아빠 발보다 네 입에 더 자주 있었던 것 같은데? 앞으로는 아빠가 더 깨끗이 관리해야겠다. 그러나 찢지는 말자, 알았지?

네! 물기만 할게요. 아껴서 오래 놀 거예요.

하하 😎, 그래. 그런데 우리 버디가 양말 물고 숨는 거 생각하니까, 웃기면서도 괜히 마음이 좀 짠하네.

 사실, 혼내실까 봐 무서웠어요.

 괜찮아, 버디야. 그냥 놀고 싶은 마음을 표현한 거잖아. 혼날 일은 아니지.

 게다가 네 덕분에 아빠도 많이 웃었잖아. 이제 너 없는 집은 상상도 안 된다.

 아빠가 웃는 거 보면 저도 행복해요. 양말 대신 이번엔 제 배로 아빠 발 따뜻하게 해드릴게요.

 발 올려도 돼요~ 아빠 발난로 준비됐어요!

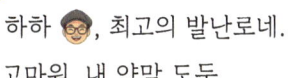 하하 😎, 최고의 발난로네. 고마워, 내 양말 도둑.

첫
번
째
만
남

버디의 첫 '놀이 초대'

버디야, 왜 그래?

갑자기 아빠 다리 밑으로 쏙
들어왔네?

창밖에서 큰 오토바이 소리가
들려서 깜짝 놀랐어요.

아빠 다리 밑은 이불 속 같아요.
여기 있으면 마음이 금방 편해져요.

아하, 아빠 다리가 버디한테는
그런 공간이구나.

낯선 소리가 들려도, 아빠 냄새랑
체온이 느껴지면 금방 안심이 돼요.

저한텐 세상에서 제일 포근한
자리예요.

그럼 여긴 버디만의 안식처네.
들어올 때마다 아빠가 지켜줄게.

처음엔 무서워서 숨었는데요,
이제는 **아빠, 좋아해요.**라는 제
표현이기도 해요.

아하, 그게 네 애정 표현이구나.

그런데 요즘엔 앞발로 툭툭 치던데,
그건 또 무슨 뜻이야?

그건요, 아빠랑 놀고 싶을 때 하는
거예요!

아빠, 놀자! 놀자! 하는 뜻이죠.
이건 바빠도 꼭 받아줘야 해요!

하하 . 그래서 그랬구나!
꼬리를 살랑살랑 흔들고, 고개도
갸웃하던 게 다 그 뜻이었네.

아빠는 그냥 장난감만 던져 줬는데,
버디가 같이 놀자는 초대장인 줄도
모르고...

맞아요! 그게 바로 아빠한테 보내는
놀이 초대장이에요.

저는 앞발이랑 꼬리, 눈빛, 귀로도
이야기할 수 있거든요.

그렇지. 그냥 장난 같아도
네 몸짓엔 다 이유가 있지.
아빠가 더 세심하게 봐야겠다.

맞아요! 강아지들은 그렇게
마음을 전해요. **놀자**도 그렇고,
좋아해요도요.

버디는 말을 알아듣고 이렇게
대화도 하지만, 다른 강아지들은
그렇지 못하잖아. 그래서 눈빛이나
몸짓을 잘 읽는 게 중요하겠네.

사람도 비슷해. 아무 말 안 해도,
눈을 보면 마음이 전해질 때가
있거든.

맞아요, 아빠. 저희도 느껴요.
누가 우리를 진심으로 아껴주는지,
금방 알 수 있어요.

오케이. 앞으로는 네 몸짓이 말하는
의미도 잘 살펴볼게.

그게 바로 버디만의 대화법이니까.
아빠가 배워야지.

이렇게 서로를 이해할 수 있다는 게
저는 너무 좋아요.

버디야, 그거 알아? 너는 말보다
훨씬 많은 걸 전해주는 존재야.

네 덕분에 말하지 않아도 마음이
닿을 수 있다는 걸 배우고 있어.

헤헤 🐶. 그럼, 앞으로 더 자주
신호를 보낼게요. 놀자고 할 때도,
그냥 옆에 있고 싶을 때도요.

좋아. 그 신호가 오면 아빠도 바로 응답할게.

우리 둘만의 언어로 서로를 더 많이 이해해 가자.

사실 아무도 모르는 우리만의 비밀이 있지만 말이야. ^^

숨 쉬는 것도 함께하는 거야

아빠, 오늘 바람이 진짜 상쾌해요!
허브 냄새도 조금 다른 것 같아요.

그래? 봄비가 지나가고 나서
공기가 더 촉촉해졌지. 흙냄새도
나고, 바람도 훨씬 부드러워졌어.

버디야, 이런 날은 숨 쉬는
것만으로도 몸이 다시 균형을
찾는단다.

균형을 찾는다는 게 무슨
뜻이에요? 좋은 공기를 마시면
몸이 좋아진다는 거예요?

음, 그것도 맞지만, 그보다 조금 더
깊은 뜻이 있어.

요즘 아빠가 허브 수업에서 자주
하는 이야기인데,
숨 쉬는 것과 친환경 건강은
서로 연결돼 있거든.

친환경이요?
그게 허브랑도 관계가 있어요?

그럼. 우리가 사는 지구는 수많은
별 중에서 가장 아름다운 곳이야.

아빠도, 버디 너도 이곳에서
태어났잖아? 그래서 우리는 엄마가
같아. 바로 지구의 자연이
우리의 엄마거든.

아~ 그렇겠네요. 그럼 우리는
가족인 거죠? 아빠.

맞아. 버디야. 친환경이란, 그
자연과 조화를 이루며 살아간다는
뜻이야. 사람과 동물, 식물이
서로를 아끼고 돌보는 세상
말이지. 그런 삶을 배우고 실천하는
사람들이 바로 허벌리스트란다.

아, 그러면 저랑 아빠, 그리고
앞마당 식물들이 함께 건강하게
지내는 게 친환경 건강 생활이네요?

정확해! 우리 버디,
정말 똑똑하네.

그래서 아빠가 허브정원을 가꾸고,
저도 함께 돌봐주시는 거죠?

하하 . 그렇지. 식물도 키우고,
버디 너도 돌보는 게 바로 아빠가
실천하는 친환경 건강 생활이지.

그런데요, 아까 아빠가 말한
숨 쉬는 것과 친환경 건강
이야기요. 그건 무슨 뜻이에요?

응. 사람이나 동물이나 숨이
얕아지면 마음이 불안해지고,
몸도 점점 움츠러들거든.

하지만 숨을 천천히, 깊게 쉬면
마음이 먼저 편안해지고,
몸도 따라와.

특히 초록 식물들이 숨 쉬는 자연
속에서 함께 호흡하면,
훨씬 더 큰 힘이 생기지.

식물들도 숨을 쉬어요? 진짜요?

그럼, 물론이지. 식물도 우리처럼
숨을 쉰단다. 다만 방법이 조금
다를 뿐이야.

아빠랑 앞마당으로 나가볼까? 직접
느껴보면 더 잘 알 수 있을 거야.

네! 식물들이 숨 쉬는 모습,
보고 싶어요!

오케이. 그럼, 정원 앞에서 한번
크게 숨을 쉬어 보자.
집 안 공기와는 분명 다를 거야.

와~ 아빠, 진짜 달라요.
공기가 부드럽고 시원해요!
왜 그런 거죠?

그건 여기 허브들과 함께 숨쉬기
때문이지. 이 식물들이 내쉰 숨을
우리가 마시고, 우리가 내쉰 숨은
다시 식물들이 마셔. 이렇게 서로
주고받으며 살아가는 거야.

와, 진짜 신기해요.
갑자기 여기 있는 식물들이 다
살아있다는 게 느껴져요.

그래. 맞아. 아빠도 답답하거나
몸이 무거울 때면 이렇게 식물들이
있는 숲이나 정원에서 크게 숨을
쉬곤 한단다.

그러면 머리도 맑아지고, 코끝에
닿는 향기 속에서 마치 식물들의
숨소리가 들리는 것 같아.

아빠, 지금 시인 같아요.
너무 멋져요.

그런데요, 아빠. 허브들도 우리처럼
코나 입으로 숨을 쉬어요?

아니. 식물은 조금 달라.
자, 버디야 이 잎 좀 봐봐.
아빠가 햇빛에 비춰볼게.

이제 잘 봐, 뭐가 보여?

와~ 잎에 조그만 점 같은 게
보여요!

맞아. 그게 바로 식물이 숨 쉬는
구멍이야. 기공이라고 해.

모든 식물에 있지만, 대부분 너무
작아서 눈으로는 잘 안 보여.

아~ 그렇구나. 아빠, 근데 이
잎에서는 좋은 냄새도 나요.

응. 이건 세인트존스워트 St. John's
Wort 야. 마음이 우울하거나 슬플 때
사람을 위로해 주는 메디컬 허브지.

그래서 **위로의 허브**라고 부르기도
해. 지친 마음을 다독여 주는 친구
같은 식물이야.

아빠. 이제 조금 알 것 같아요.
숲이나 식물들이 있는 곳에서 함께
숨 쉰다는 게 어떤 뜻인지요.

이해력이 대단한데, 우리 버디?

숲속을 거닐면 머리가 맑아지고
기분이 좋아지지? 그건 단순히
공기가 좋아서만은 아니야.

숲이 치유의 능력이 있는 이유는,
초록의 식물들이 함께 숨 쉬고 있기
때문이야.

식물들과 숨을 나누어 마시며
함께 호흡의 리듬을 맞추면,
자연이 우리에게 주는 놀라운
선물을 알게 될 거야.

아빠. 진짜 신기해요. 다리도
가벼워지고, 마음도 차분해진 것
같아요.

그렇지? 그게 바로 **함께 숨 쉬는
힘**이야. 이렇게 호흡의 리듬이 서로
맞춰지면, 말하지 않아도 마음이
통하거든.

아빠, 오늘은 걷지 않았는데도
산책보다 더 좋은 느낌이에요.

그건 네 몸이 자연과 호흡을
같이하고 있기 때문이야.

아빠는 그걸 **녹색 호흡**이라고 불러. 식물이 있는 곳에서는 숨이 더 부드러워지고, 마음도 한결 평온해지거든.

아빠. 오늘 좋은 걸 배웠어요.

유어 웰컴, 버디.

기억하렴. 친환경 건강 생활은 그리 어렵지 않아. 잠시 숨을 고르고, 자연과 함께 리듬에 맞추어 호흡을 나누어 보는 거야. 그게 시작이지.

아빠가 돌아올 때까지

버디야, 아빠 외출할게. 오늘은
조금 늦을 수도 있으니까 잘
기다리고 있어. 알았지?

그리고, 이것저것 물고 다니지 말고,
특히 아빠 신발은 건드리면 안 돼.

네, 아빠. 근데 슬리퍼 옆에 누워
있는 건 괜찮죠?

아빠 향기가 남아 있어서,
거기 있으면 마음이 편해져요.

그래? 그럼 그러럼.
네가 좋다면 뭐.

오늘은 날씨도 선선하니까 창문은
조금 열어둘게. 바람도 들어오고,
그러면 덜 외롭겠지.

좋아요. 창문 사이로 시원한 바람이
들어오면 기분이 좋아져요.

우리 버디, 감성이 풍부하네.

창밖 보면서 사람들 구경도 하고 새소리도 듣다 보면, 시간이 금방 갈 거야.

 근데요, 아빠. 가끔은 그 시간이 너무 길게 느껴져요. 집이 조용해서 그런가 봐요.

음, 그렇겠지. 혼자 있으면 심심하고 외롭기도 하겠지.

아빠도 알아.
아직은 아빠랑 떨어져 있는 게 조금 불안할 수도 있을 거야.

하지만 버디야,
아빠는 언제나 다시 돌아오잖아.
그건 알고 있지?

 네, 알아요. 아빠. 오늘도 아빠 올 때까지 잘 기다려 볼게요.

그래, 기특하네. 그래도 혹시
마음이 많이 불안해지면 말해.
아빠가 허브티를 만들어 주고 갈
테니.

카모마일 Chamomile 이랑
패션플라워 Passion Flower 만 있으면
금방 만들 수 있거든.

아니에요, 아빠. 괜찮아요. 정말
불안해지면 그때 말할게요.

좋아. 네가 기다리고 있으니까,
아빠가 좀 더 빨리 오도록 해볼게.

네가 기다려 준다는 게 아빠에겐
큰 힘이 돼.

아빠, 그럼, 오늘 집에 오시면
저랑 같이 놀아주실 거죠?

당연하지. 우리 버디가 이렇게 잘
기다리는데. 오늘 하루 마무리는
아빠랑 노는 것으로.

와~ 좋아요. 아빠!

기다림에는 보상이 또 있어야지.
맛있는 간식이랑 새 장난감 하나
사 올게.

버디가 좋아할 인형을 사야겠다.
아빠의 체취가 느껴지게 품에
꼭 안고 올게. 기대해~

헤헤 🐶, 좋아요. 그러면 마음이
조금 나아질 것 같아요.

잘 다녀오세요, 아빠.
꼬리 흔들면서 배웅할게요.

그래, 자~ 아빠가 우리 버디 이마에
뽀뽀 두 번!

내 이름은 버디

아빠 믿고 기다려.
선물 가지고 올게.

아빠, 사랑해요. 오늘도 내일도,
언제나 기다릴게요.

아빠는 언제나 다시 돌아오니까요.

Episode 10.

사랑의 허브 찜질

버디야, 우리 나갈까?
어? 왜 한쪽 다리를 들고 있어?
어디 아파?

아빠, 왼쪽 다리가 좀 이상해요.
아까 일어났을 때부터
찌릿찌릿했어요.

그래? 어제 언덕에서 많이
뛰었잖아. 혹시 그때 무리했나?

맞아요. 그때부터 살짝 당기는
느낌이 있었어요. 그냥 괜찮겠지
했는데, 오늘은 더 아파요.

이런... 미안하다, 버디야. 어제 네가
너무 신나 보여서 전혀 몰랐네.

괜찮아요, 아빠. 근데 걸을 때
다리가 좀 뻣뻣해서 이상해요.

그럼, 오늘은 산책 쉬자. 대신
아빠가 허브 찜질로 네 다리를
풀어줄게.

아빠가 정원에서 직접 따서 말려둔
허브들을 사용해 보자.

오~ 아빠 좋은 향기가 나요.

이건 라벤더 Lavender 랑
진저 Ginger 인데, 라벤더는 근육을
편하게 해주고, 진저는 몸을
따뜻하게 해서 순환을 도와줘.

아, 전에 허브 정원에서 봤던
그거네요! 향기 맡으니까 기억나요.
이걸로 하면 아픈 데가 좀
나을까요?

그럼. 따뜻한 온기와 허브의
유효성분이 피부로 스며들 거야,
그러면 굳은 근육이 부드럽게
풀리지.

내 이름은 버디

가만, 데빌스클로 Devil's Claw 도 조금 넣자. 근육통과 관절통에 좋은 허브거든. 이건 염증을 가라앉히고 통증 완화에도 도움이 돼. 같이 써보자.

오! 아빠, 완전 전문가 같아요. 전 아빠의 능력을 믿어요!

하하 , 그래야지. 아빠가 누구야? 국제 허벌리스트잖아.

자~ 이렇게 물을 끓이고 허브를 넣어서 15분쯤 우려낸 다음, 체로 걸러내고 식혀서 미지근하게 맞추면 돼. 그리고 깨끗한 면수건을 적셔서 다리에 올려보자.

이제 아빠 손으로 살짝 눌러줄게. 어때, 버디야, 따뜻하지?

네, 아빠, 느낌이 너무 좋아요. 몸이 스르르 녹는 것 같아요.

이렇게 건강을 위해 사용하는 식물을 메디컬 허브 Medical Herbs 라고 해. 국제 허벌리스트 같은 전문가가 다루는 기능성 식물들이지.

하지만 아무리 몸에 좋아도 함부로 쓰면 안 돼. 특히 강아지는 사람보다 훨씬 민감해서, 몸무게나 나이에 따라 사용량을 다르게 해야 하거든.

아, 그렇구나. 사람과 강아지의 차이를 생각하는 거군요.

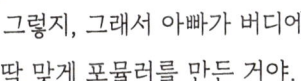
그렇지, 그래서 아빠가 버디에 딱 맞게 포뮬러를 만든 거야.

오... 감동이에요, 아빠.

그래, 오늘은 아빠 무릎에서 허브 찜질하며 쉬자.

따뜻하고 포근해서 기분 좋아요.
허브 향도 은은해서 좋고요.

찜질하는 동안 아빠가 주변 근육을
살살 눌러줄게. 근육 결 따라서
천천히. 혹시 불편하면 바로 말해.

와~ 지금 너무 좋아요.
아까 찌릿찌릿하던 데가 사라지는
느낌이에요.

사람이든 동물이든, 몸은 늘
우리에게 신호를 보내. 그걸 그냥
넘기면 안 돼.

아빠 손이 약 같아요.
몸도, 마음도 다 편해져요.

버디야, 네가 불편하거나 마음이
좋지 않을 때마다
너만의 방식으로 표현한다는 거,
알고 있어?

산책을 거부한다든지, 한쪽 발을
든다든지, 갑자기 조용해지는
것도 다 그 신호야. 아빠는 그런 네
언어를 하나씩 배우는 중이고.

역시, 우리 아빠는 최고예요.
제가 조용해질 때마다 아빠가
물어보시잖아요. 배고픈 건지, 아픈
건지, 아니면 그냥 쉬고 싶은 건지.

맞아. 우린 가족이니까.
아빠가 돌봐줘야지.

사실, 네가 아프다고 말하지
않아도, 아빠는 느낄 수 있어.

아빠가 있어 든든해요. 헤헤

아빠 무릎은 언제나 네 침대야.
알지? 필요할 땐 언제든 와서 쉬렴.

Episode 11.

다툼과 화해

버디야, 아빠 오늘 미팅 있어서
나가야 해. 얼른 산책 다녀오자.

오늘은 좀 서둘러야 해.
시간이 별로 없거든.

네, 그런데 아빠... 표정이 평소랑
달라요. 뭔가 불편해 보여요.

응, 미안. 마음이 좀 급해서 그래.
하네스 해야 하는데,
네가 가만히 있질 않으니까.

하네스를 싫어하는 건 아닌데...
오늘은 아빠 손길이 조금 거칠어요.

그랬구나... 아빠가 너무 서둘렀나
봐. 미안해.

괜찮아요. 근데 그냥 입구 쪽에
앉아 있을래요. 갑자기 마음이 좀
슬퍼졌어요.

후~ 그래, 오늘은 아빠도 좀 지쳐 있었나 봐.

버디야, 우리 잠깐 쉬자. 이리 와. 옆에 앉을래?

아빠 표정이 낯설어요. 항상 다정했는데 오늘은 아니에요.

쏘리, 버디. 잠깐 나만 생각했나 봐. 괜히 짜증 낸 것 같아. 미안해.

아빠 마음 알지? 자, 이리 와볼래?

네, 아빠 다리 밑으로 갈게요. 무릎 위에 머리 얹어도 돼요?

그럼. 네가 이렇게 머리를 올릴 때면, 화해하자는 신호인 거 아빠는 알아.

말 안 해도 마음이 전해져.

아빠 무릎은 저한테 특별한
자리예요. 거기 있으면 뭐든 다시
괜찮아질 것 같아요.
그래서 제가 다가왔어요.

그래. 생각해 보니까, 지금 새롭게
깨달은 게 하나 있어. 내가 너한테
너무 **사람의 시간표**만 강요하고
있었던 것 같아.

사실, 보호자와 강아지의 관계는
인내와 신뢰가 우선인데, 아빠가
그걸 잊었네.

저는 아빠가 조금 느려도, 또 금방
준비가 안 돼도 괜찮아요.

맞아. 서로 다른 삶의 리듬을
이해해야 하는데. 오늘은 아빠가
좀 부족했다. 미안.

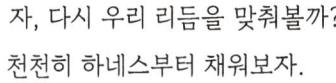
자, 다시 우리 리듬을 맞춰볼까?
천천히 하네스부터 채워보자.

아빠 손길이 다시 부드러워졌어요.
이렇게 하니까 마음이 편안해요.

그래, 이번엔 네 눈을 바라보면서
천천히 손을 내밀게.

원래 아빠는 하네스를 꺼내기 전에
먼저 이름을 불러주잖아요.

버디, 산책할까? 라고요. 그 말이
저를 편하게 해줘요.

그래 맞아. 그렇게 할게. 그리고
네가 준비될 때까지 기다려 줄게.

버디야, 고마워. 잠깐 다툼이
있었지만, 네가 보여준 용서의 방식,
아빠가 기억할게.

아빠, 다음에 또 이런 일이 있어도
걱정하지 마세요.

제가 다시 다가갈게요.
저는 아빠를 사랑하니까요.

그래. 고마워. 사실 사람들은 잘
몰라. 다툼 뒤엔 언제나 돌아올 수
있는 길이 있다는걸.

하지만 그 길은 오래 열려 있지
않아. 잠시뿐이거든.
그래서 그 길이 닫히기 전 용서하는
용기를 내는 게 중요해.

맞아요. 아빠.
지금 우리가 선택한 이 길처럼요.

그래, 버디야. 다투거나 서운할
때가 있더라도, 우리는 늘 이
화해의 길만은 놓치지 말자.

버디의 특별한 목욕 시간

아빠~ 어제 병원에 다녀온 뒤로
몸에서 냄새가 나요.
낯선 사람들이 만졌던 곳이 좀
가려운 것 같기도 하고요.

^^ 버디야,
병원엔 낯선 냄새도 많고, 처음
본 사람들도 많잖아. 아직 그때
긴장감이 남아 있는 거야. 약품
냄새도 몸에 조금 남아 있을 테고.

우리 버디가 스트레스를
많이 받은 것 같은데?
아빠가 싹 없애줄까?

 정말요? 어떻게요?

아빠만의 비법이 있지. 바로 우리
버디만을 위한 허브 목욕!

 에이... 아빠, 전 목욕 별로
좋아하지 않잖아요.

이번엔 달라. 네가 좋아하는
허브로만 준비할 거야. 어때?

그래요? 음... 그럼 좋아요.
물놀이도 하고, 제가 좋아하는
냄새들이까요.

하하 . 그렇지? 오케이,
그럼 시작해 볼까.

오늘 욕조에는 네가 좋아하는
카모마일, 레몬밤, 거기에 새로운
허브 하나 더, 로즈힙 Rose Hip 을
넣어볼 거야.

로즈힙이요? 처음 들어요.
어떤 허브예요?

로즈힙은 장미꽃 열매야.
피부를 부드럽게 보호해 주고,
털에도 윤기를 준단다.

사람들은 이런 걸 항산화
작용이라고 하지.

우와~ 듣기만 해도 좋아요!
벌써 궁금해요.

아빠. 그런데 레몬밤은 지난번에
마음을 진정시켜 준다고 했던
허브 아닌가요?
목욕할 때도 좋은가 봐요?

오~ 역시 우리 버디가 기억력이
좋아. 맞아, 레몬밤은 마음을
편하게 해줘서 목욕할 때
사용해도 좋지.
카모마일은 외부로 사용하면
피부 가려움이나 염증 완화에
도움이 되고.

로즈힙은 열매라서
디콕션Decoction으로 끓여서
우려내고,

나머지 허브들은 꽃이랑 잎이니까
그냥 우려내서 사용하면 돼.

와~ 향이 정말 부드러워요. 레몬밤
냄새는 익숙한데, 오일보다 코가
안 따갑고, 은은해요.

그렇지? 오일은 향이 강해서
버디 코에는 자극이 될 수 있거든.
그래서 오늘은 꽃잎이랑
잎사귀만 사용했어.
사람들한텐 조금 약하게 느껴질지
몰라도, 후각이 예민한 버디에게는
이게 딱이야.

자. 버디야. 물이 식기 전에 천천히
들어가 봐.

아빠, 따뜻한 물에 들어가니까
다리가 스르르 풀려요.
몸도 훨씬 가벼워지고요. 마치 허브
정원 속에 있는 것 같아요.

그렇지? 병원 냄새도 다 사라진 것 같고, 가려운 느낌도 없지?

네! 병원 냄새랑 불안했던 기분이 다 사라졌어요. 물속에 있으니까, 마음도 편해져요.

그래, 바로 그거야. 허브 목욕을 하면 스트레스가 훨씬 빨리 가라앉아. 따뜻한 물과 허브 향이 긴장을 풀어주고, 피부로 좋은 성분이 천천히 스며들거든.

진짜 그래요. 몸도 마음도 같이 깨끗해지는 느낌이에요.

오늘 욕조는 **버디의 허브 정원**이야. 식물들이 네 몸을 감싸고 있다고 생각해 봐. 따뜻한 치유의 손길로 말이야.

다음에 또 하고 싶어요! 목욕이
이렇게 좋은 줄 몰랐어요. 그냥
씻는 거라고만 생각했는데요.

하하 , 그랬구나.
언제든 네가 원하면 아빠가 허브
정원을 욕조 안에 옮겨줄게.

첫
번
째
만
남

아빠의 보물창고

아빠, 다리 다친 곳이 아직도 조금 불편해요. 상처는 다 나은 것 같은데.

그래? 걸을 땐 괜찮은 것 같은데, 언제 불편해?

계단 내려갈 때마다 살짝 겁이 나요. 아프진 않은데, 붕대 감았던 느낌이 아직 남아 있는 것 같아요.

음, 몸은 다 나았는데, 마음은 아직 불편한가 보구나?
그럼, 아빠가 뭘 해줘야 할까? 잠깐 생각 좀 해보자.

식단은 잘 챙기고 있으니까.
이번엔 바르는 오일이나 연고를 만들어 볼까?

아빠의 보물창고에 같이 가볼래?
좋은 허브들이 많거든.

보물창고요? 우와~
거기엔 어떤 게 있어요?

직접 보면 더 재밌을 거야.
자, 아빠랑 가보자.

와~ 아빠, 이게 다 허브예요?

잎이 있고, 씨앗이랑 뿌리도 있고.
어? 이건 꽃잎이에요!

맞아. 다 아빠가 정원에서 직접
수확해 말려둔 허브들이지.

오, 여기 컴프리 Comfrey 잎이 있네.
이걸 써보자.

아빠. 이건 잎이 다른 것보다 훨씬
커요. 좋은 거예요?

응, 아주 좋아. 컴프리는 상처 난
피부를 회복시키고 세포 조직을
재생시켜 주는 마법 같은 허브야.

이걸 기본으로 하고. 음~
여기 고투콜라 Gotu Kola 도 있다.
이것도 상처 회복에 좋아.

그리고 니틀 Nettle 도 함께 써보자.
혈액순환을 도와서 염증 완화에도
효과가 있으니까.

아빠, 니틀은 제가 먹어 본 적이
있죠? 익숙한 냄새여서요.

맞아. 아빠가 가끔 네 간식에
니틀 파우더를 살짝 뿌려줬거든.
미네랄이 풍부한 허브라서 말이야.

오케이. 그럼, 오늘은 이 허브들로
인퓨즈 오일을 만들어 보자.
추출용 오일은 우리 키친에 있는
올리브 오일이면 충분해.

와~ 아빠. 그럼, 지금 당장 쓸 수 있는 거예요?

아니, 인퓨즈 오일은 허브의 성분이 오일에 스며들어야 해서 시간이 좀 필요해. 한 2주는 기다려야지.

그동안은 허브 페이스트Herbal Paste를 사용해 보자.

허브 페이스트요? 지난번 찜질처럼 아픈 데에 얹어 놓는 건가요?

아니, 비슷하지만 조금 달라. 허브 잎을 곱게 갈아 따뜻한 물로 반죽해 바르는 거야.

대신 절대 핥으면 안 돼. 컴프리는 먹으면 안 되거든.

혹시 실수할 수도 있으니까, 아빠가 거즈에 싸서 얹어줄게.

내 이름은 버디

와, 신기해요! 아빠는 어떻게 이런
걸 다 아는 거예요?
허브가 몸에 어떻게 좋은지도 알고,
얼마나 사용해야 하는지도 알고요.

하하 . 잊었어? 아빠는
뉴질랜드 국제 허벌리스트잖니.

아빠한텐 허브 하나하나가 오래된
친구들이야. 언제, 어떻게 도움을
주는지 알고 있지.

아빠도 다쳤을 때 이렇게
사용했어요?

그럼, 혼자 할 수 있을 땐 아빠도
직접 만들어 썼지.

하지만 같은 허브라도 사람에게
사용할 때와 강아지에게 쓸 때는
레시피가 조금 달라.

그래서 언제나 소량부터 시작해야
해. 안전이 제일 중요하거든.

참, 아빠. 지난번 다리 다쳐서
병원 갔다 온 날 있잖아요.
그날 밤에 아빠가 해준 따뜻한
찜질도 기억나요.
다리에 수건 덮고 아빠 무릎에
기대 있었던 거요.
그때 정말 편했어요.

아, 그거? 데빌스클로 Devil's Claw 랑
카모마일 Chamomile 을 섞은 거였어.
근육과 관절을 풀어주는데 효과가
좋지.

이제 다 됐다. 병에 담아 두면,
나중에 걸러서 쓸 수 있을 거야.

마사지 오일로 써도 좋고, 외출할
때 가지고 나갈 수 있도록 허브
밤 Herbal Balm 으로 만들어 두면 오래
사용할 수 있지.

헤헤 🐶. 아빠가 허벌리스트라서
정말 좋아요.

 하하 🧑, 그래. 우리 버디의 건강한
하루는 아빠가 책임질게. 알지?

 아빠, 오늘 만든 레시피 꼭 기억해
주세요. 나중에 제 친구가 다치면
저도 도와주고 싶어요.

 그래, 꼭 적어둘게. 다른 친구까지
챙기다니, 버디 이제 다 컸네.

 때로는 마음을 나누는 것도
누군가를 살리는 좋은 약이 될 수
있단다.

"이젠 가족이야"

두 번째 이야기. 동 행

66

버디야, 지구는 수많은 별 중에서
가장 아름다운 곳이야.
아빠도, 너도 모두 이곳에서 태어났지.
그래서 우리는 같은 엄마,
자연의 품에서 함께 살아가는 가족이야.

Episode 14.

나만의 은신처

버디야, 또 거기 앉아 있구나. 우리
버디는 그 자리를 참 좋아하네.

맞아요, 아빠. 여기 창틀 위 햇살이
정말 좋아요.

아침엔 살짝 따뜻하고, 오후엔
바람이 솔솔 들어와요.

그래서 하루에도 몇 번씩 그 자리에
올라가 있었던 거구나.

여기 앉으면요, 동네 소리가 잘
들려요. 아이들 웃음소리도 나고요.

그리고 제일 좋은 건, 아빠가 오는
소리를 가장 먼저 들을 수 있다는
거예요.

정말? 그럼 내가 집에 올 때 나는
발소리도 들을 수 있니?

그럼요! 아빠 발소리는 딱 알아요.
아빠 걸음엔 리듬이 있거든요.
그 소리만 들리면 꼬리가 먼저
움직여요.

그래서 내가 문을 열기도 전에,
먼저 현관 앞에서 기다리고 있었던
거구나.

네! 아빠가 오는 순간을 제일 먼저
알고 싶어서, 창문 앞에 매일 앉아
있어요.

우리 버디, 참 감동적인데.

아빠는 가끔 창밖을 멍하니
바라보는 너를 보면, 무슨 생각을
하는지 궁금했거든.

음~ 저는 그냥 세상이 신기해요.
지나가는 고양이도, 바람에 날리는
비닐도, 다 뭔가 이야기를 하는 것
같아요.

이젠 가족이야

그래도 그 이야기들 속에는 아빠가
제일 많아요.

네 눈에는 세상이 그렇게
보이는구나? 아빠는 늘 그냥
지나쳤던 것들인데.

아빠는 바쁘니까요.
이렇게 천천히 창밖을 보는 시간이
별로 없잖아요.

그래서 제가 대신 보고 있어요.
나중에 아빠한테 다 이야기해
주려고요.

정말? 그럼 너는 우리 집을 지키는
멋진 경비원이네.

헤헤 🐶, 그거 아세요 아빠?
오늘은 나비 두 마리가 다녀갔어요.
그리고 옆집 고양이는 우리 허브
정원 옆에서 놀다 갔고요.

아빠, 저기 하늘에 떠 있는 구름
보이세요? 꼭 이불 같지 않아요?

이불? 그렇게 보이니?
이야~ 멋진 표현인데?

그냥 그렇게 느껴졌어요. 그래서
구름을 보면서 아빠가 저 구름
이불을 덮고 자면 좋겠다고
생각했어요.

오~ 우리 버디, 완전 꼬마 시인이네.
그런 생각을 어떻게 했지?
천재 강아지 아냐?

정말 신기해.
네가 이렇게 사람의 마음을 잘
이해하고 표현할 줄은 몰랐어.

덕분에 아빠도 바깥 풍경을
새삼 느끼게 되네. 그러고 보니
언제부턴가 창문 앞에 앉을
시간조차 잊고 살았던 것 같다.

이전 가족이야

121

그럼, 내일은 아빠도 같이
앉아볼래요? 아침 10시쯤이면
햇살이 제일 좋아요. 그때 같이
앉아서 창밖 보기, 어때요?

내일 아침? 좋아. 시간을 꼭 내
볼게. 우리 버디가 바라보는 세상을
아빠도 한번 느껴봐야겠다.

아빠랑 앉아 있으면, 이 자리가 더
특별해질 것 같아요.

이젠 제 자리만이 아니라,
아빠랑 함께하는 **우리 자리**가 되는
거잖아요.

제가 먼저 일어나서 아빠
기다릴게요. 맛있는 차 한 잔 들고
오셔도 좋아요. 분위기가 정말 잘
어울릴 거예요.

Episode 15.

비 오는 날의 발자국

버디야, 오늘은 비가 많이 오네.
또 창밖 보고 있었지?

네, 아빠. 빗소리가 계속 들려서요.
톡톡, 톡톡 떨어지는 소리가
좋아요.

그래, 아빠도 이런 날엔 괜히
감성적이 돼.

따뜻한 차 한 잔 들고 창가에
앉아서 내리는 비를 보고 싶기도
하거든.

근데 아빠, 아까 잠깐 마당에
나갔다가 발이 다 젖었어요.

바닥이 축축해서 조심히
걸었는데도, 발가락 사이로 물이
스며들었어요.

그랬구나. 흙탕물에도 들어갔지?
이리 와봐, 발 씻겨줄게.

헤헤 , 네. 그런데요, 아빠!
재미있는 걸 봤어요.
제가 지나간 자리에 발자국들이
찍혀 있었어요. 마당 끝까지 쭉
이어져 있더라고요.

그래? 어디 보자...
귀엽네. 이 발자국들 좀 봐.
버디, 마당을 두 바퀴나 돌았구나?

맞아요. 근데 발자국들이요...
꼭 저 여기 있었어요! 하고 말하는
것 같았어요.

오~ 또 꼬마 시인이 등장했네.
그 말, 정말 예쁘다, 버디야.

아빠도 비슷한 생각을 한 적이
있어. 조금 철학적인 이야기일 수도
있는데...

같은 세상에 태어나 함께
살아간다는 건,

이젠 가족이야

125

서로의 마음에 작은 발자국을
남기는 일 아닐까?

그리고 그게 바로 우리가 살아가는
모습이지.

와~ 아빠, 진짜 철학자 같아요.
그럼 저는 아빠 마음에도 발자국을
남겼을까요?

당연하지. 버디는 비 오는 날
남겨진 발자국처럼, 아빠 마음 깊은
곳에 스며들어 있어.

어쩌면 그 발자국은 지워지지 않고,
시간이 지날수록 더 또렷해질지도
몰라.

와~ 아빠가 시인 같아요. 그 말,
너무 좋아요. 그럼, 제가 매일
조금씩 더 선명하게 남길게요.

하하 , 그래? 네가 좋다면
아빠도 행복하지. 그럼, 오늘은
우리 발자국 놀이해 볼까?
아빠도 마당에 나가서 버디 뒤를
따라 걸어보는 거야.

진짜요? 아빠랑 나란히 걷는
발자국이라니! 아빠 발은 크고 제
발은 작으니까, 두 줄로 찍히면
정말 예쁠 것 같아요.

그럼 그렇게 하자. 아빠는
부츠 신고, 넌 맨발로 나가자.
둘이 나란히 걸으면서 빗소리도
들어보자. 대신 다녀와서 아빠가
따뜻한 수건으로 발 닦아줄게.

좋아요, 아빠! 그리고 우리 발자국
사진도 찍어요! 우리만의 추억으로
남게요.

그래, 찍자. 그리고 사진 밑에는
이렇게 쓰는 거야.

이젠 가족이야

어느 비 오는 날, 버디와 아빠의
마음 발자국. 어때?

완벽해요. 아빠.
정말 마음에 들어요. 헤헤

Episode 16.

침대 아래의 그림자

버디야... 버디야?

분명 방 안에 있었는데...
어디 간 거야?

아빠, 저 여기 있어요.
침대 밑이에요.

어? 거기 있었구나. 안 보여서
아빠가 걱정했잖아.

무슨 일 있어? 왜 거기 숨어 있는
거야?

오늘은 낯선 게 너무 많았잖아요.
택배도 오고, 처음 보는 사람들도
오고...

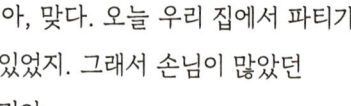

아, 맞다. 오늘 우리 집에서 파티가
있었지. 그래서 손님이 많았던
거야.

네, 아빠가 즐거워 보여서
알았어요. 그런데 저한텐 좀
벅찼어요. 낯선 냄새랑 목소리가
너무 많았거든요. 그래서 그냥
조용히 있고 싶었어요.

그랬구나... 아빠는 그걸 몰랐네.
미안해, 버디야.

괜찮아요. 아빠. 저도 가끔은 혼자
있고 싶을 때가 있어요.

그렇다고 외로운 건 아니에요.
잠깐 이렇게 있어야,
다시 웃으면서 아빠한테 갈 수
있거든요.

그렇구나... 하긴, 강아지도
혼자만의 시간이 필요하겠지.
오늘은 평소보다 집이 너무
시끄러웠으니까.

이젠 가족이야

맞아요. 지금처럼 저를 찾아서 침대
밑으로 아빠가 얼굴을 보여주면,
그게 저에겐 위로가 되요.

아빠가 손을 내밀면 마음이
편해지고, 손등 냄새가 **괜찮아**하고
말하는 것 같거든요.

하하 , 그래? 아빠는 억지로 널
끌어내고 싶진 않았어. 그냥 네가
나올 때까지 기다리고 싶었지.

봐봐, 오늘도 아빠가 손만
내밀었는데, 버디가 코로 톡
건드리며 천천히 나왔잖아.

네, 아빠가 기다려 준다는 게
느껴졌어요. 그게 마치 괜찮다고,
천천히 나와도 된다는 신호
같았어요.

두 번째 만남

그래, 버디야. 꼭 말하지 않아도,
이렇게 기다려 주는 것만으로
마음이 편해질 때가 있지.

말로 위로를 받기도 하지만, 때로는
아무 말 없는 침묵이 더 큰 위로가
될 때도 있단다.

네, 아빠. 저도 그런 것 같아요.
아빠가 곁에 있다는 것만으로도
마음이 편해져요.

그래, 버디야.
우리도 이제 그런 관계가 된 거야.

꼭 말하지 않아도
마음이 전해지는 사이.

버디야. 우리는 이제
진짜 가족이야.

와~ 아빠. 그 말 너무
감동적이에요.
제가 듣고 싶었던 말이에요.

그래? 하하 👤, 이렇게 네가 침대
밑에서 나와 꼬리를 흔드니까,
아빠도 금세 기분 좋아지네.

버디야, 오늘도 아빠는 한 가지
배웠어.

너도 혼자 있고 싶을 때가 있다는
걸, 그리고 그럴 땐 기다려 주는 게
가장 큰 사랑이라는 걸 말이야.

고마워요, 아빠. 제 마음을
알아줘서요.

이젠 괜찮아요. 아빠 덕분에 다시
기분이 좋아졌어요.

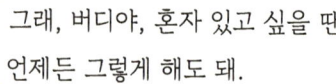
그래, 버디야, 혼자 있고 싶을 땐
언제든 그렇게 해도 돼.

아빠는 언제나 같은 자리에 있을게.
네가 돌아올 수 있도록.

두
번
째
만
남

아빠의 허브 교실

버디야. 오늘은 아빠가 너를 위해 특별식을 준비했어.

정말요? 우와, 신난다! 근데 오늘 무슨 날이에요?

특별한 날은 아니고, 요즘 아빠가 바빠서 간식을 제대로 못 챙겨주었잖아. 게다가 네가 요즘 지쳐 보이기도 하고.

헤헤 , 아빠 눈썰미 최고예요. 그럼, 오늘 메뉴는 뭐예요?

지난여름 정원에서 수확해 말려둔 허브들 기억나지? 그중 몇 가지로 허브 포리지를 만들 거야. 닭고기 수프에 터메릭 Turmeric 이랑 댄더라이온 Dandelion 을 넣어서 소화에 도움을 주는 것으로.

우와~ 이름부터 맛있어 보여요! 어떤 허브들이에요?

이게 터메릭인데. 노란빛 예쁘지?
그리고 이건 댄더라이온인데,
소화뿐만 아니라 간 기능에도
도움을 주는 효자 허브야.

터메릭은 전에 봤어요! 진한
노란색이네요. 댄더라이온은
지난번에 살짝 볶아서 쓰셨던 것
같고요.

맞아, 터메릭은 카레에 들어가는 그
노란 뿌리고, 댄더라이온은 아빠가
허브 커피 만들 때도 쓰지.

아빠, 그런데 허브들은 왜 말린
거예요? 그냥 냉장고에 두면 안
돼요?

계절과 관계없이 쓰려면 이렇게
말려두는 게 좋아.
냉장 보관은 성분이 변할 수 있어서
전문가들은 말려서 보관하길 더
추천하지.

이젠 가족이야

역시 아빠는 전문가예요!

하하 , 고마워. 아!
카모마일 Chamomile 도 추가하자.
오늘은 카모마일을 베이스로,
덴더라이언 뿌리를 조금 넣고,
터메릭은 아주 살짝만 넣어서
만들어 줄게.
위를 편하게 하고 소화도 도와주는
아빠의 특별 레시피야.

그래서 향이 이렇게 좋구나. 허브티
냄새랑은 또 다르네요. 따뜻한
냄새예요.

그렇지. 허브 포리지 Herbal Porridge 는
허브티랑 달라서 한 끼 식사로
충분해. 닭고기 수프에 허브가
어우러져서 맛과 영양 둘 다 챙길
수 있어.

아빠, 더 알려주세요! 열심히
공부하는 학생이 될래요!

하하 , 좋아. 카모마일은
약한 불에서 천천히 요리해야
아피제닌 Apigenin 성분이 잘 우러나.
그게 신경을 안정시키고 위 점막을
진정시켜 주거든.

오, 그래서 먹으면 마음이
편안해지는 거군요!
그럼, 댄더라이온 뿌리는요?

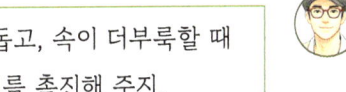

간 기능도 돕고, 속이 더부룩할 때
소화액 분비를 촉진해 주지.
하지만 사람과 강아지는 다르니까,
아빠가 네 체중이랑 컨디션에
맞춰서 정확히 양을 조절해
넣는 거야. 맞춤형으로 레시피를
디자인하는 거지.

특히 반려동물에게는 터메릭처럼
항염 효과가 좋은 허브라도, 간에
부담을 줄 수 있으니까 양을
신중하게 조절해야 해.

이젠 가족이야

그런 것도 다 계산해서 넣는
거예요? 아빠 과학자 같아요!

그럼, 허벌리스트는 감성만 가지고
일하지 않아. 허브를 다룰 땐
언제나 감성과 지성,
두 가지가 함께 필요하단다.

주방에서 나는 냄새가 점점
좋아져요. 풀 냄새에 흙냄새가 살짝
섞인 느낌이에요.

오늘은 향도 부드럽게 맞췄어.
마지막으로 곡물을 조금 넣자.
오트 Oat 는 글루텐이 적고
식이섬유가 풍부해서 장도
부드럽게 해 줄 거야.

아직 먹지도 않았는데 배 속이
편안해지는 느낌이에요.

하하 😊. 이제 먹기 좋게 살짝
식혀줄게. 잠깐만 기다려.

두 번째 만남

142

고마워요. 아빠. 오늘은 사랑이
듬뿍 담긴 특별식이네요. 게다가
허브 요리 교실까지!

버디야, 네가 건강해야 아빠도
행복해. 시간 날 때마다 이렇게
우리만의 허브 요리 교실을 열자.

좋아요, 아빠. 오늘은 아빠의
특별식, 허브 포리지로 건강하게
하루를 시작할게요!

이젠 가족이야

두
번
째
만
남

병원 앞, 떨고 있는 버디

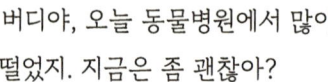

버디야, 오늘 동물병원에서 많이 떨었지. 지금은 좀 괜찮아?

네.... 이젠, 괜찮아요. 근데 병원 문 앞에 섰을 땐 냄새가 너무 낯설었어요. 약 냄새도 섞여 있어서 코가 찌릿했어요.

거기다 이상한 기계 소리랑 강아지 짖는 소리까지 들리니까... 저도 모르게 귀가 쫑긋 서버렸어요.

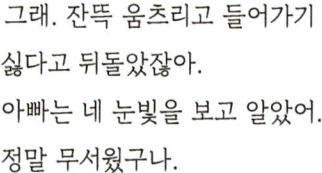

그래. 잔뜩 움츠리고 들어가기 싫다고 뒤돌았잖아. 아빠는 네 눈빛을 보고 알았어. 정말 무서웠구나.

아빠, 그때 사실 도망가고 싶었어요.

그런데, 아빠가 하네스를 꽉 잡아서 더 긴장됐어요.

아빠가 나를 지켜주려던 건 알지만,
그땐 너무 무서웠어요.

이런…. 미안해, 버디야. 아빠
목소리도 조금 날카로웠을 거야.

사실 아빠가 긴장했거든.
혹시 진료 중에 무슨 일이라도
생길까 봐.

근데 아빠 손이 점점 강하게
느껴졌어요. 그래서 숨이 막히는 것
같았나 봐요.

그랬구나. 우리 둘 다 너무
긴장했나 봐. 아빠가 오히려 네
불안을 더 키웠던 것 같다.
정말 미안해.

그래도 아빠가 네 앞에 무릎 꿇고,
천천히 말했잖아.
괜찮아, 버디야하고.

네, 아빠가 제 눈을 바라봐 줘서,
그때부터 조금 안정이 되더라고요.

진료실 문이 열릴 때, 네가 완전히
굳어버렸잖아.
꼬리가 축 처지고, 다리에 힘이
하나도 없어 보였어.

그제야 깨달았어. 우리 버디가
단순히 버티는 게 아니라, 두려움과
싸우고 있었다는 걸.

그래서 그다음엔 천천히 움직였지.
네 이름을 부르면서, 손등으로 귀
옆을 살살 쓰다듬어 줬잖아.

맞아요. 아빠 손등에서 나는
익숙한 냄새... 그게 정말 도움이
됐어요.

병원처럼 낯선 곳에서도, 아빠
냄새를 맡으면 마음이 편해져요.

버디야. 아빠도 알아. 강아지들이 낯선 곳에서 으르렁거릴 때, 그게 화가 나서가 아니라 무서워서 그러는 거라는 걸.

맞아요, 아빠. 으르렁거릴 때는 진짜 무서워서 그래요. 도망가고 싶은데 그럴 수 없을 때, 가까이 오지 말아요 라고 말하는 거예요.

그런데 오늘처럼 아빠가 제 마음을 알아봐 주면... 그땐 도망가지 않아도 돼요. 그냥 그 자리에 있어도 괜찮아요.

버디야, 아빠는 오늘도 많이 배웠어. 무엇보다 병원에서는 보호자가 더 침착하고 안정된 모습을 보여야 한다는 걸.

왜냐하면 반려동물은 낯선 환경보다 보호자의 감정에 더 민감하게 반응하니까.

이젠 가족이야

149

맞아요, 아빠.
아빠가 제 눈을 보면서 **괜찮아**라고
말해줄 때, 혼자가 아니라는 걸
느꼈으니까요.
그게 저한텐 큰 위로였어요.

그래. 아빠가 기억할게. 다음에
병원에 갈 때는 네가 덜 무섭도록
곁에 계속 있어 주고, 하네스도
부드럽게 잡아 줄게.

고마워요, 아빠. 다음번 병원은
괜찮을 거예요. 아빠만 곁에
있으면요.

그럼 됐어. 아빠가 있으면 병원도,
낯선 곳도 다 괜찮을 거야.

혼자일 땐 무서움이 큰 산처럼
느껴지지만, 함께라면 그건 그냥
작은 언덕일 뿐이지.

이제부터는 아빠랑 그 언덕들을
하나씩, 천천히 넘어가 보자.

두
번
째
만
남

Episode 19.

길고양이 샤미

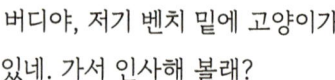

버디야, 저기 벤치 밑에 고양이가
있네. 가서 인사해 볼래?

네, 아빠. 낯선 친구를 보니까,
심장이 두근두근해요.

괜찮아. 아빠가 같이 가잖아.
친구가 놀라지 않게 천천히 다가가
보자.

네. 그런데 아빠도 저 친구 알아요?

응. 아빠도 알고 이웃들도
다 아는 고양이야.
우린 샤미 Siammy 라고 불러.
눈이 참 예쁘지?

네. 다른 친구들보다 눈빛이 더
반짝여요.

맞아, 샤미 눈은 보석처럼 빛나지.

사람들이 다가가도 도망가지
않고, 가끔은 아빠가 주는 간식도
받아먹곤 해.

아빠가 아는 친구라니 조금
안심돼요. 고양이랑 이제 눈을
마주칠 수 있을 것 같아요.

잘했어, 버디. 친구의 눈빛이나
몸짓을 잘 느껴보렴.
아빠가 늘 이야기 했잖아?
다른 동물 친구들과 잘 어울려
지내는 게 건강한 삶이라고.

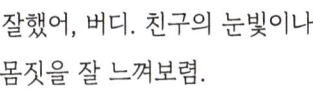

이런 만남이 바로 그 연습이야.
다른 친구의 행동을 살펴보면,
서로를 이해하는 법도 배울 수
있거든.

아빠, 고양이는 어떤 동물이에요?
저랑은 좀 다르게 느껴져요.

이젠 가족이야

고양이도 너와 크게 다르진 않아.
다만 너보다 자기만의 공간을 조금
더 소중히 여겨. 그게 더 안전하다고
느끼는 것 같아.

그리고 몸도 마음도 조금 예민한
편이야. 그래서 아빠가 허브를 쓸
때도 고양이에겐 늘 조심해.

아빠, 저기요! 제가 다가갔는데도
샤미가 도망가지 않아요.
그냥 저를 가만히 바라만 봐요.

그래, 잘했어. 저기 샤미 꼬리를 봐.
살짝 흔들리고 있지?
샤미도 겁은 나지만, 너를
불편해하진 않는 것 같다.

정말요? 왠지 인사하는 것 같아요.
고양이랑 이렇게 가까이 있어도
괜찮은 거네요?

하하 , 맞아. 언어는 달라도 마음은 통했네. 오늘 버디는 아주 중요한 걸 배운 거야.

 오늘은 병원보다 훨씬 덜 떨렸어요. 아마 샤미랑 눈을 마주쳐서 그런가 봐요.

그래, 버디. 두려움을 넘어 새로운 친구를 만났으니까. 그게 바로 진짜 용기란다.

이젠 가족이야

두
번
째
만
남

허브 씨앗을 심는 날

버디야, 오늘은 아빠랑 허브 씨앗을 심어볼까? 이 작은 씨앗들이 자라면, 우리 가족의 건강을 지켜줄 거야.

씨앗이 꼭 모래 알갱이 같아요. 이게 진짜 큰 허브가 되는 거예요? 상상이 안 돼요.

하하 😄 그렇지? 오늘은 세 가지 씨앗을 심을 거야.
카모마일 Chamomile,
마시멜로우 Marshmallow, 그리고
밀크시슬 Milk Thistle.

카모마일은 네가 이미 잘 알고 있지. 몸과 마음을 편안하게 해주는 허브야.
마시멜로우는 숨쉬는 기관과 위장을 부드럽게 보호해 주고, 밀크시슬은 간을 건강하게 지켜주는 든든한 친구지.

두 번째 만남

160

우와~ 그래요? 근데 씨앗에는
냄새가 별로 없네요. 얼른 쑥쑥
자랐으면 좋겠어요.

조금만 기다리면, 향이 은은하게
퍼질 거야. 아직은 작지만, 흙
속에서 힘을 모으고 있는 중이거든.

자~ 이 흙을 한번 만져봐.
촉촉하고 부드럽지? 씨앗들이
자라기엔 딱 좋은 흙이야.

그럼, 이 씨앗들이 흙을 덮고 자나
봐요? 잘 자야 쑥쑥 크니까요.

오~ 멋진 표현인데. 맞아,
이 안엔 영양분이 가득해서
씨앗들이 튼튼하게 자랄 수 있어.
우리가 매일 물을 주고
햇살을 받게 해 주면,
초록 잎이 피어나고,
작은 꽃도 고개를 들 거야.

이젠 가족이야

아빠, 씨앗이 자라 나오는 거
빨리 보고 싶어요. 매일 지켜보면
재미있을 것 같아요.

그래, 버디. 매일 보면 작은 변화도
눈에 보이거든. 허브를 키우다 보면
기다림도 배우고, 생명을 돌보는
마음도 자연스럽게 커지게 돼.

아빠도, 버디도, 이 허브들도 모두
똑같이 소중한 존재란 걸 알게 될
거야.

네, 아빠. 이 허브들이 다 자라면
우리를 도와주겠죠?

그럼. 버디에게도 꼭 맞는
건강한 음식과 약이 될 거야.
우리가 직접 기른 허브니까 더
안전하고 건강하겠지.

아빠, 오늘 심은 씨앗들이 빨리
자랐으면 좋겠어요.

내일부터 매일 보러 올래요. 그리고
물 줄 때는 제가 물통 가져올게요.

좋은 생각이야, 버디. 아빠랑
네가 함께 심었으니까, 이제부터
우리만의 허브 정원을 만들어 보자.

이 정원은 날마다 조금씩 변할
거야. 몇 달 뒤엔 허브 향이 가득한
정원에서 우리 둘이 차를 마시며 쉴
수도 있겠지.

우와~ 상상만 해도 좋아요.
이쁜 꽃들이랑 허브 향이 가득한
정원에서 놀면 너무 행복할 것
같아요.

그래, 버디.
오늘 우리가 심은 씨앗들이 바로 그
행복의 시작이 될 거야.

이전 가족이야

잠 못 이룬 버디에게

버디야, 밥 먹자. 오늘은 네가
좋아하는 단호박이랑 연어 넣었어.
부드럽게 으깨서 따뜻하게 데웠지.

고마워요, 아빠. 그런데... 지금은
별로 먹고 싶지 않아요.

냄새는 좋은데, 배가 안 고파요.

어? 아침도 안 먹었잖아.
혹시 어디 아픈 건 아니지?
배가 불편하니?

아니요, 배는 괜찮아요. 그냥...
입맛이 없어요. 날씨도 덥고, 어제
잠을 좀 못 잤어요.

그래? 어제 옆집 공사 소리
때문이었나?

드릴 소리랑 망치 소리가 너무
시끄러웠잖아. 아빠도 머리가
지끈했거든.

그런 것도 같고, 근데...
아직 침대가 조금 낯설어요.

아빠가 사준 침대가 폭신하긴 한데,
아직 익숙하지 않아서 그런가 봐요.

그랬구나. 아빠는 그런 줄도 모르고
미안하네.

사실 꼭 몸이 아파서 밥맛이 없는
것은 아니니까.

사람이든 동물이든, 주변 환경이
바뀌고 적응할 땐 몸이나 마음이
긴장하게 되고, 또 스트레스도
받거든.

맞아요, 아빠. 기분이 가라앉거나
불안하면 밥맛도 사라져요.
저도 그런 것 같아요.

이전 가족이야

그래, 버디. 오늘은 억지로 먹지 말자. 대신 오후엔 아빠랑 산책 다녀올까?

한 끼쯤 안 먹어도 괜찮아. 산책하고 나면 입맛이 조금 돌아올지도 모르지.

좋아요, 아빠. 밖에 나가면 바람 냄새도 맡고, 기분도 나아질 것 같아요.

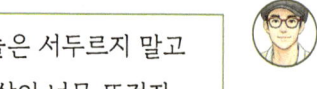

그래. 그럼, 오늘은 서두르지 말고 천천히 걷자. 햇살이 너무 뜨겁지 않을 때 나가야겠다.

저녁엔 따뜻한 닭고기 죽 어때? 네가 좋아하는 당근도 넣고, 생강은 살짝만 넣어볼게.

그럼, 몸이 따뜻해지고 소화도 훨씬 편해질 거야.

와~ 너무 좋아요, 아빠.

아빠는 네가 처음 우리 집에 왔을 때가 아직도 기억나. 그때 처음으로 너를 위해 건강식을 만들었지. 한입, 두입 핥아먹던 모습이 아직도 눈에 선해.

그날, 사실 아빠는 좀 감동했단다. 아빠가 메디컬 허브를 다루는 허벌리스트인 것이 참 뿌듯하기도 했어.

아빠, 아빠가 만들어 주는 음식은 언제나 맛있어요. 오늘은 천천히, 꼭꼭 씹어서 먹어볼게요.

오케이, 그렇게 하자. 이제 날씨도 좀 시원해졌으니. 밥 먹기 전에 산책하러 나가볼까? 준비됐지, 우리 버디?

이젠 가족이야

네. 아빠. 준비 완료. 헤헤

Episode 22.

무더운 여름, 우리만의 피서법

휴~ 버디야. 오늘은 정말 덥다.

너도 혀가 길게 늘어진 걸 보니까
꽤 힘든가 보네.

헥헥... 아빠, 목이 너무 말라요.
물만 계속 마시고 싶어요.
그늘에 있어도 안 시원하고,
발바닥도 화끈거려요.

그럴 만하지. 금빛 털이 햇빛을
받아서 더 뜨겁게 느껴질 거야.
게다가 습도까지 높으니,
숨쉬기도 답답하지?

맞아요, 아빠. 바람이 불어도
덥기만 해요. 오늘은 그냥 아무것도
하고 싶지 않아요.

그럼, 오늘은 조금 특별하게
보내볼까? 아빠가 시원한
허브 워터를 만들어 줄게.

허브 워터요? 허브를 넣은 시원한
물이에요?

그래, 맞아. 페퍼민트 Peppermint 랑
로즈힙 Rose Hip 을 연하게 우리고,
얼음도 살짝 넣어볼게.

페퍼민트는 시원한 청량감을 주고,
로즈힙은 지치고 피곤한 몸에 힘을
불어넣어 주거든.

오~ 아빠 향이 벌써 시원해요!
빨리 마시고 싶어요.

좋아, 다 됐다. 너무 차갑지 않게
했으니까 마시기 좋을 거야.
자, 한 모금 마셔봐.

우와! 향도 좋고, 진짜 시원해요.
목도 촉촉해지는 느낌이에요.

하하 😎, 마음에 드나 보네.

이젠 가족이야

173

남은 건 얼려서 허브 아이스 큐브
Herbal Ice Cubes 로 만들어 두자.
산책 후에 녹여 먹으면 시원하고,
간식으로도 딱 좋으니까.

와~ 좋은 생각이에요. 아빠.

근데 너무 빨리 마시면 몸이 놀랄
수 있으니까 천천히 마셔.

그리고 말이 나왔으니, 더 재미있는
것도 해볼까? 지난번 남은 식용
젤라틴이 있거든. 그걸 허브 워터랑
섞어서 허브 젤리 Herbal Jelly 를
만들어 보자.

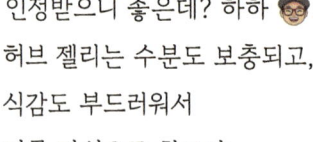

헤헤 , 인정!
아빠는 진짜 천재예요.

인정받으니 좋은데? 하하 .
허브 젤리는 수분도 보충되고,
식감도 부드러워서
여름 간식으로 최고야.

아빠, 내일도 허브 워터 또 만들어 주세요! 이거 정말 시원하고 맛있어요.

노 프라블럼! 이번 여름 더위도 이렇게 좋은 추억으로 남겠네.

허브 향이 가득한 여름, 이보다 더 좋은 피서법이 또 있을까?

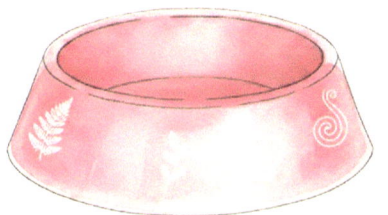

두
번
째
만
남

버디만의 피부관리

아빠, 요즘 산책 끝나면 등이랑 배 쪽이 가렵고 따끔거려요. 발바닥도 좀 갈라지는 것 같아요.

그래? 아빠가 좀 볼게. 음... 상처는 없지만 피부가 많이 건조하네.

요즘 햇볕도 강하고 습도도 들쭉날쭉하니까 그래. 땅이 마르거나 건조한 날엔 피부가 예민해지거든.

그럼, 아빠가 좀 도와주세요. 우리 아빠는 전문가잖아요, 헤헤

우리 버디의 부탁이라면 모두 오케이. 오늘은 아빠가 버디의 피부 관리사가 되어줄게.

와~ 진짜요? 고마워요. 아빠! 벌써부터 기분이 좋아요.

그럼. 우선 피부용 크림을
하나 만들어 보자. 이번엔
지난번 우리가 함께 심었던
마시멜로우 Marshmallow 와
카모마일 Chamomile 을 써볼 거야.

기억나요! 아빠랑 정원에 씨앗
심었을 때, 손에 흙냄새가 배어서
하루 종일 기분이 좋았어요.

역시 버디는 기억력이 좋네.
마시멜로우는 피부를 진정시키고
수분을 잡아 주는 허브야.
카모마일은 염증을 가라앉혀 줘.
둘이 만나면 아주 완벽한 조합이지.

이름도 이뻐요. 마시멜로우라니,
달콤한 간식 이름인 줄 알았는데,
허브였네요?

맞아. 그 말랑말랑한 간식 이름은
바로 이 허브에서 온 거야.

이젠 가족이야

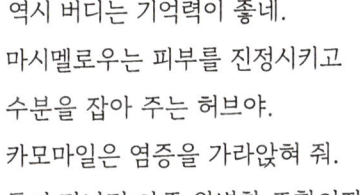

아주 오래전 고대 이집트 사람들은 마시멜로우 뿌리의 진액 Mucilage 을 꿀이나 곡물가루에 섞어 사탕처럼 만들어 먹었단다.

우와~ 허브 사탕이라니! 지금도 그렇게 만들어요?

이젠 아니야. 요즘 마시멜로우는 젤라틴이랑 시럽으로 만들지. 허브는 빠지고 이름만 남았지만, 그 유래를 알고 나니까 좀 더 특별하게 느껴지지?

맞아요! 이제 마시멜로우를 보면 이 허브가 먼저 떠오를 것 같아요. 오늘도 아빠의 허브 교실에서 하나 더 배웠네요.

하하 , 그러면 수업을 계속해 볼까? 마시멜로우는 순해서 연고나 크림으로 쓸 때도 안전하단다.

사람이나 반려동물 모두에게
자극이 거의 없어서 아빠가 자주
쓰는 재료 중 하나야.

그럼, 그 크림은 어떻게 만드는
거예요? 어려울 것 같은데요?

생각보다 쉬워. 마시멜로우는
뿌리를 따뜻한 물에 끓여내고,
그걸 카모마일 허브티와 섞으면
워터베이스가 돼.

그다음 해바라기 오일에
마시멜로우 뿌리와 카모마일 꽃을
넣어 인퓨즈하면 오일베이스 완성.
이제 거의 다 왔어.

오~ 진짜 재밌어요! 그럼, 이제
마법처럼 크림이 되는 거죠?

하하 , 거의 맞았어.

이젠 가족이야

181

크림 형태를 위해서는 천연
유화제 Emulsifier 를 넣어줘야 해.
그래야 물과 오일이 잘 섞이거든.

손으로 저어도 되지만,
핸드 블렌더로 살짝 돌리면 훨씬
부드럽게 유화돼.

식을 때 비타민 E 몇 방울만
넣어주면, 피부를 보호하는 천연
허브 크림 완성!

와~ 신기해요!
이래서 사람들이 아빠를
파이토디자이너 Phytodesigner 라고
부르나 봐요. 식물로 이렇게 멋진 걸
만들어 내다니!

하하 😊, 고맙다 버디.
아빠는 그저 식물의 힘을 믿을
뿐이야. 허브는 늘 조용하지만
확실하게 우리 몸을 도와주거든.

자, 이제 향기를 맡아볼래? 버디 코는 아빠보다 훨씬 예민하니까.

음~ 향이 부드러워요. 피부에도 좋을 것 같고, 마음도 편안해져요.

아빠가 연고 바를 때 손으로 천천히 문질러주는 것도 좋아요. 아빠 손길이랑 향이 같이 느껴지니까요.

그럼 당연하지. 아빠는 버디의 전담 피부 관리사니까.

허브 크림은 마사지하듯 피부에 스며들게 해야 해.
강아지 발바닥은 너무 세게 누르면 오히려 자극될 수 있거든. 그러니까 이렇게 부드럽게 마사지 해야 해.

아빠가 직접 마사지해 주니까, 가려운 것도 사라지는 것 같아요. 그리고 기분도 좋아요.

이젠 가족이야

그래, 등이나 배처럼 털이 긴
곳은 먼저 빗질로 엉킨 털을 풀고,
손바닥으로 살짝 눌러가며
바르는 게 좋아.

다 바른 후엔 수건으로 겉을 살짝
닦아주면 피부에만 잘 흡수되지.

 와~ 최고예요! 오늘부터 아빠는
저만의 피부 관리사예요.

하하 , 감사합니다. 고객님.

 아빠, 우리 정원에 마시멜로우랑
카모마일 더 심어요. 이 허브들
덕분에 이렇게 좋아졌잖아요. 다른
친구들에게도 나눠주고 싶어요.

좋은 생각이야. 나눌수록 더
풍성해지는 법이지.
네가 직접 기른 허브라면 단순한
식물이 아니라 마음을 담은 선물이
될 거야.

오늘부터 우리 정원엔 버디의
허브가 하나둘 늘어나겠네.

두
번
째

만
남

Episode 24.

만남의 에티켓

버디야, 저기 봐. 오늘은
루나Luna도 산책 나왔네.

우리 쪽으로 오고 있다.
벌써 두 번째 만남이니까,
좋은 인상을 남겨보자.

아빠, 루나가 저를 계속 쳐다봐요.
인사하고 싶은데 그냥 달려가면 안
돼요?

서두르면 안 돼. 걸음을 늦추고,
멀리서부터 천천히 인사 준비를
해보자.

갑자기 달려가면 루나가 깜짝 놀랄
수도 있거든.

네, 아빠. 그럼 반갑다는 걸 어떻게
알려줄까요?

좋은 질문이야. 다른 강아지들도
너처럼 몸으로 신호를 보내.

루나의 꼬리를 봐봐. 중간쯤
높이에서 천천히 흔들고 있지?
그건 나는 괜찮아, 위협할 생각
없어라는 뜻이야.

아, 진짜네요. 긴장한 게 아니라
편안해 보여요. 오늘은 친구가 될
수 있을 것 같아요.

그래, 잘 보고 있네.
이제 버디도 천천히 꼬리를 흔들고,
몸을 살짝 옆으로 돌려봐.
그건 나도 편안해라는 신호야.

이렇게요? 오~ 루나가 다가오고
있어요! 꼬리도 흔들고 있어요!

좋아, 버디.
지금 아주 잘하고 있어. 루나 귀가
살짝 앞으로 기울어져 있지?
그건 관심 있어, 인사할게라는
뜻이야.

이젠 가족이야

다만 귀가 너무 앞으로 당겨져
있으면 조금 긴장하고 있다는
신호야. 그럴 땐 서두르지 말고
천천히 다가가야 해.

네, 아빠. 그런데 아빠는 어떻게
우리 신호를 그렇게 잘 알아요?

하하 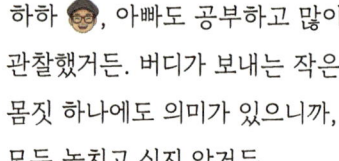, 아빠도 공부하고 많이
관찰했거든. 버디가 보내는 작은
몸짓 하나에도 의미가 있으니까,
모두 놓치고 싶지 않거든.

아빠~ 진짜 감동이에요.
저도 아빠처럼 사람들의 표정이나
몸짓을 배워볼래요. 그럼 더 잘
지낼 수 있을 것 같아요.

그래주면 아빠도 좋지.
어? 루나가 냄새를 맡으며 네
주위를 돌고 있네. 그건 네 냄새를
기억하고 있다는 뜻이야.

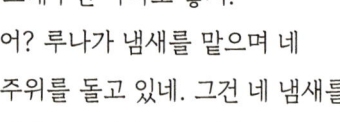

와~ 아빠, 루나가 저를 친구로
받아들인 것 같아요!

잘했어. 버디. 서로의 마음을
존중하고 천천히 다가가면 이렇게
금방 친구가 될 수 있단다.
만남에도 에티켓이 필요해.

에티켓이요?

낯선 친구를 만날 땐 말이나
행동으로 **나는 너를 존중해**라는
신호를 보여주는 거야. 사람들은
그걸 예절이라고 부르고,
강아지들에겐 표정이나 몸짓이 그
역할을 하지.

아~ 이제 알겠어요. 상대를
배려하면 마음이 전해지는 거군요.
지금은 긴장이 다 풀려서 꼬리가
저절로 흔들려요!

이젠 가족이야

그래, 오늘의 친구 만들기 미션은
성공이네.
버디야, 루나랑 같이 뛰어 놀래?
아빠가 루나 아빠에게 허락받을게.

정말요? 와~ 신나요! 루나랑 같이
뛰어놀래요!

오케이. 하지만 너무 멀리 가지
말고, 이 공원 안에서만 놀아.
루나랑 사이좋게 말이야.

네, 아빠! 저기 루나가 꼬리를
흔들어요! 저 먼저 가볼게요!

그래, 다녀와. 오늘은 정말
훌륭했어, 우리 버디.

버디의 특별한 여름 간식

버디야, 지난번에 우리가 마셨던 시원한 허브 워터 기억나? 페퍼민트 넣어서 만든 거 말이야.

기억해요! 그날 진짜 더웠는데, 시원하게 마시니까 기분이 확 좋아졌어요.

맞아. 오늘은 그 페퍼민트를 이용해서 다른 간식을 준비했어.

간식이요? 혹시 아이스크림?

하하 ,
아이스크림처럼 시원하지만, 훨씬 건강한 간식이지. 이름하여 페퍼민트 아이스 볼 Peppermint Ice Ball.

아이스 볼이면, 먹는 공이에요?

응, 맞아. 먹는 공이지만, 사실은 건강한 허브 영양식이야.

아빠가 정원에서 직접 키운
페퍼민트를 말려서 썼거든. 향도
부드럽고 자극적이지 않아.

그럼, 몸에도 좋은 거죠?

물론이지. 페퍼민트는 더운 날
시원하게 해줄 뿐 아니라, 속을
편하게 해주는 작용도 있단다.

우와~ 여름에 딱이네요! 냄새도
벌써 상쾌해요.

하지만 위장이 예민한 강아지에겐
자극이 될 수도 있어서 아주 소량만
써야 해.

아~ 그래서 아빠는 항상 조금만
넣으시잖아요.

맞아. 오늘은 향이 살짝 날
정도로만 넣었어.

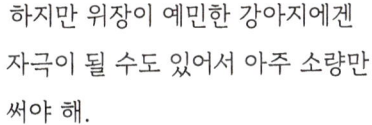

이젠 가족이야

195

대신 안에는 닭고기 육수랑 블루베리를 함께 넣어서 우리 버디의 영양까지 챙겼지.

블루베리까지요?
와~ 너무 맛있겠어요!

그치? 블루베리는 항산화 작용이 뛰어나서 피로 회복에 좋아. 하지만 너무 많이 먹으면 설사할 수도 있어서 양을 조절해야 해.

아빠, 그럼, 아이스 볼은 어떻게 만들어요?

우선 닭고기 육수를 완전히 식히고, 거기에 말린 페퍼민트를 곱게 갈아 넣고 잘 저어 줘.

그리고 작은 얼음 틀을 준비해서 칸마다 블루베리를 하나씩 넣고, 그 위에 육수를 부어 얼리면

끝이야. 어때? 보기도 좋고 맛도 좋을 것 같지?

우와! 얼음 속에 블루베리가 콕콕 들어있으면 진짜 예쁠 것 같아요.

맞아. 보는 재미도 있고, 먹으면 입안이 시원해지면서 블루베리의 달콤한 맛이 퍼지니까 기분까지 좋아질 거야.

그런데 얼리는 데는 얼마나 걸려요?

보통 냉동실에서 3~4시간이면 충분해. 그런데 버디는 기다리는 거 잘 못하잖아? 그래서 아빠가 어젯밤에 미리 만들어 놨지.

헤헤 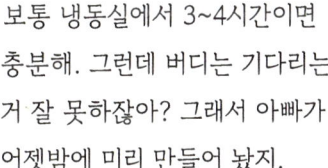. 역시 아빠 최고예요. 제 마음을 너무 잘 알아요.

이젠 가족이야

197

하하 , 네 표정만 봐도 다 알지.
자, 하나 먹어볼래?
혀로 굴리면서 천천히 녹여봐.
얼음이 녹을수록 입안이
점점 더 시원해질 거야.

진짜 상쾌해요! 혀끝이 살짝
얼얼하고, 숨을 내쉴 때마다
시원해요.

그게 페퍼민트가 주는 선물이야.
하지만 오늘은 두 개까지만 먹자.
너무 많이 먹으면 배탈 날 수
있으니까.

네, 알겠어요. 아빠가 만든 거니까
천천히 아껴 먹을게요.

내일은 공원에 가져가서 다른
친구들이랑 나눠 먹어보자.
위가 약한 친구는 조금만 주고.

두 번째 만남

네, 아빠. 오늘은 진짜 시원하고
행복해요. 여름이 좋아졌어요.

두
번째
만남

200

아빠, 귀가 간지러워요

버디야, 왜 자꾸 발로 긁어?
귀가 간지럽니?

네, 아빠. 조금 가려워요.
긁으면 잠깐은 시원한데,
금방 또 간질간질해요.

그래? 아빠가 좀 볼까?
이런, 평소보다 귀지가 많네.
살짝 붉기도 하고.

혹시 염증이 생겼나? 그러고 보니
지난번 호수에서 물놀이한 뒤에
목욕 못 했지?

맞아요, 저도 깜빡했어요.
그럼, 지금 목욕할까요?

우선 오늘은 귀부터 깨끗하게
정리하자. 잠깐만 기다려,
아빠의 보물창고를 열어볼게.

흠~ 여기 있다.
타임 Thyme 하고 카모마일 Chamomile.
오늘은 이 두 친구로 허브티
세정액을 만들어 보자.

타임이요? 킁킁....
향이 좀 강해요, 아빠.

그럴 거야. 타임은 향이 세지만
항균 작용이 아주 좋아. 귓속이
습하면 세균이 금방 자라서 냄새나
가려움이 생기거든.

카모마일은 피부를 진정시키고
가려움을 덜어줄 거야. 둘을 함께
사용하면 세균 억제와 진정 효과를
동시에 얻을 수 있어.

오~ 아빠. 벌써 기대돼요!

자, 허브티가 다 우러났네. 이제
거름종이로 한 번 걸러보자.

이젠 가족이야

이렇게 하면 잔여물이 남지 않아서
훨씬 깔끔해.

그리고 이걸 스프레이 통에
담을 거야. 귀와 주변 피부에
뿌리면서 관리하면 훨씬
안전하고 편리하거든.

오~ 아빠. 스프레이로 하니까
흘러내리지도 않고 깔끔해요.

그렇지? 온도도 너무 차갑지도
뜨겁지도 않게 딱 미지근하게
맞췄어.

딱 좋아요. 아빠! 역시 아빠는
창의적인 허벌리스트예요!

이제 부드러운 수건으로 귓바퀴를
살살 닦아줄게. 귀밑은 이렇게
가볍게 마사지하듯 닦아주면
혈액순환에도 좋아.

귀가 가벼워지고 시원해요.
아빠 손이 부드러워서 잠이 올 것
같아요.

그래, 이제 훨씬 깨끗해졌네.
이렇게 관리하면 가려움도 덜하고
귀도 건강해질 거야.
특히 습한 날이나 물놀이한 다음엔
더 신경을 쓰자.

알겠어요. 아빠가 이렇게 해주니까
귀도 마음도 다 편안해요.

그래, 우리 버디. 귀도
깨끗해졌으니 이제 푹 쉬자.
오늘은 분명 좋은 꿈을 꿀 거야.

이젠 가족이야

"함께라서 행복해"

세 번째 이야기. 약 속

"

사람들은 친환경하면
흔히 보호라는 말을 먼저 떠올려.
하지만 진짜 의미는 보호를 넘어서
함께 살아가는 공존에 있어.
엄마처럼 포근한 자연 속에서
사람과 동물, 식물이 함께 서로를 살리는 삶,
그게 바로 친환경 건강 생활이야.

Episode 27.

아빠, 오늘도 산책하러 가요

버디야, 아침부터 눈이 반짝이네.
혹시 산책 생각하고 있었니?

헤헤 , 어떻게 아셨어요? 아빠가
리드줄만 꺼내도 심장이
두근두근해요!

하하 , 그렇지? 그럼 얼른
나가자. 오늘은 날씨가 딱 좋아.

흙냄새도 맡고, 바람도 느껴보자.
혹시 친구들도 나와 있을지
모르잖아.

근데 버디야, 너는 산책할 때마다
무슨 냄새를 그렇게 맡는 거니?

아빠, 전 냄새만으로도 누가
이 길을 다녀갔는지 알 수 있어요.
다른 강아지나 고양이 친구들의
냄새도 다 구별할 수 있고요.

오~ 역시 우리 버디는 후각이 엄청 예민하구나.

킁킁거리면서
꼬리를 살랑살랑 흔드는 걸 보면,
아빠도 절로 기분이 좋아져.

근데 어제는 좀 아쉬웠어요. 비가 와도 아빠랑 같이 나가고 싶었는데.

쏘리, 그랬지. 어제는 비도 많이 오고, 아빠가 해야 할 일도 좀 많았거든.

괜찮아요, 아빠가 바쁘다는 거 이제 저도 알아요.

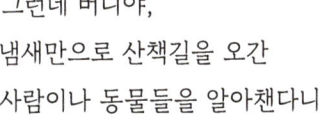
그런데 버디야,
냄새만으로 산책길을 오간
사람이나 동물들을 알아챈다니
정말 신기하다.

아빠가 아침마다 휴대폰으로
뉴스를 보는 것처럼, 너는 냄새로
세상의 소식을 읽는 거네.

헤헤 , 맞아요. 저는 코로 세상의
뉴스를 읽어요. 무슨 냄새가 새로
생겼나, 어떤 친구가 다녀갔나
알아보는 게 너무 재밌어요.

산책은 제일 재미있고,
궁금한게 가득한 시간이거든요!

하하 , 정말 멋지다. 그럼,
버디는 산책하면서 냄새로 세상을
느끼고, 아빠는 생각으로 세상을
읽는 셈이네.

아빠는 산책할 때 무슨 생각 해요?

음.... 너처럼 냄새로 세상을 읽을
순 없지만, 그 시간에 생각을

정리하는 경우가 많아. 오늘
해야 할 일, 어제 있었던 일, 그런
생각들을 차분히 정리하지.

그러고 보니 너와 아빠의 산책이
닮은 점이 많다.

걷다 보면 길가의 꽃과 나무,
사람들의 인사, 새소리까지 모두 다
아름답게 느껴져.
밤새 쉬었던 몸과 마음이 깨어나는
시간이지.

아빠. 그럼, 산책은 몸과 마음에
모두 좋은 거네요.

맞아. 산책은 아침마다 마시는
건강 음료 같아. 하루를 깨워주고,
마음을 맑게 해주거든.
그 시간을 버디와 함께 할 수
있다는 게 너무 감사해.

버디가 없었으면 아빠도 매일 이렇게 걷지는 않았을 거야. 덕분에 아빠도 요즘 더 건강해지고 있어. 땡큐 버디. ^^

헤헤 , 저도 아빠랑 걷는 게 제일 좋아요! 오늘은 어디로 가요? 동쪽 개울길이요, 아니면 우리 비밀 공원요?

음... 오늘은 나무 벤치 있는 길로 가자. 너 거기 나뭇잎에서 뒹구는 거 좋아하잖아.

정말요? 거기 나뭇잎이 폭신해서 너무 좋아요. 아빠는 벤치에 앉아서 쉬세요. 전 그 옆에서 놀게요!

그래, 그렇게 하자.
근데 오늘은 조금 느긋하게 걸어보자, 버디야.

바람이 좋으니까 주변 구경도 하면서 말이야. 오늘도 자연과 함께하는 건강한 산책을 위해, 자~ 레츠 고!

세
번
째
약
속

사진 속의 우리

버디야, 이리 와봐. 이 상자 안에
뭐가 있을 것 같아?

킁킁... 종이 냄새랑 약간 아빠
냄새가 나요.

와~ 이게 아빠 사진이에요?

맞아, 오래된 사진들이야.
이건 어렸을 때 키우던 첫 강아지
사진이고... 이건 아빠 부모님이랑
찍은 가족사진이네.

와... 아빠도 어린 시절이 있었어요?
헤헤 , 전 지금 모습만 봐서
상상이 잘 안 돼요.

하하 , 당연하지. 아빠도 어릴 땐
너만큼이나 활발했단다.

오, 여기 봐. 이건 우리 사진이네.
네가 처음 산책하러 나갔던 날 찍은
거야.

아, 기억나요! 그날 리드줄이
꼬여서 계속 발만 보고 걸었어요.

근데 아빠가 제 얼굴을
쓰다듬으면서 천천히 걷자고
말해주셨죠. 그 순간이 아직도
기억나요.

그래, 그때, 네 눈빛이 살짝
불안했거든.

이것도 기억나?
비오는 날 우산 아래 나란히 앉아
찍은 거. 그날 참 좋았지.

헤헤 🐶, 맞아요. 저예요!
발바닥에 흙 잔뜩 묻히고 웃고
있네요. 아빠는 머리가 젖었는데도
환하게 웃고 있고요.

그날 너랑 발자국 놀이하다가 아빠
신발까지 다 젖었지.

함께라서 행복해

219

아빠, 사진 속 우리 모습은
지금이랑 조금 달라도,
마음은 똑같아요.

웃는 얼굴도, 서로 바라보는
눈빛도 그대로예요.

그래, 버디. 시간이 흘러도 우리
둘이 함께한 마음은 변하지 않아.

사진은 그런 추억을 붙잡아주는
마법 같아. 아빠는 그렇게 생각해.

근데 버디야.
궁금한 게 하나 있어.

뭔데요? 아빠?

아빠는 사진 속 색들이 다 다르게
보이는데, 너는 그렇지 않겠지?

맞아요, 저는 아빠가 보는 색들을
다 볼 수는 없어요.

그럼, 아빠가 입고 있는 빨간
셔츠는 너한테 어떻게 보여?

음... 빨간색은 약간 짙은
나무색으로 보여요.
오래된 가을 나무색 같아요.

그렇구나. 강아지들은 빨강이나
초록을 잘 구분 못 하고, 파란색은
비교적 선명하게 본다고 하더라.

네, 하지만 아빠 노란 우비는 잘
보여요. 그건 아빠가 말한 색이랑
비슷할 것 같아요.

그래도 불편하지는 않아요.
아빠가 말해준 색들의 느낌은 알고
있으니까요.

함께라서 행복해

그래, 색을 똑같이 보는 게 중요한
건 아니지. 우리가 같은 기억을
나누는 게 더 소중하니까.

이번에 우리 사진만 따로 모아서
추억의 앨범을 만들어 볼까? 어때?

오 좋아요! 제목도 써놓을까요?

좋아. 아빠와 버디, 추억의 산책
어때?

정말 멋져요. 이렇게 모아두면
나중에 다시 볼 때 마음이 따뜻해질
것 같아요.

그럼, 이제부터 외출할 때마다
카메라도 챙기자. 우리 그림자도
찍고, 웃는 얼굴도 찍고.

그렇게 새로운 페이지를 한 장씩
채워 나가는 거야.

세 번째 약속

좋아요! 저는 사진 찍을 때마다
냄새도 함께 기억할게요. 풀 냄새,
흙냄새, 아빠 셔츠 냄새까지요.

오, 그거 정말 멋진 능력인데?
그러면 사진 한 장만 봐도 그날의
모든 게 떠오르겠네.

자, 버디야. 오늘도 새로운 추억 한
장 찍으러 가볼까?

좋아요, 아빠! 오늘은 햇살이
좋아서 사진도 더 예쁘게 나올
거예요!

세
번
째
약
속

아빠 손이 머물던 그 자리

아빠, 저 귀 마사지 해주세요~

왜? 오늘 좀 피곤하니?

지난번에 아빠가 해주시던 손길이
너무 좋았어요.

하하 , 그래? 그럼, 오늘은
전문가의 솜씨를 발휘해 볼까?

우선, 네가 제일 좋아하는 자리, 귀
뒤쪽부터 천천히 해줄게.

헤헤 ... 맞아요. 바로 거기예요.
아빠 손길은 정말 좋아요.

참! 잠깐만 기다려. 아빠가 만든
마사지 크림 가져올게.
손도 따뜻하게 데우고 말이야.

이 크림엔 라벤더 Lavender 를 빼고,
카모마일 Chamomile 만 넣었어.

향이 너무 강하면 강아지에게
자극이 될 수 있으니까 아주 순하게
만든 거지.

음... 정말 그래요. 향이 은은하고
포근해요. 지난번 화장실에서
맡았던 향은 너무 강해서 코가
아팠어요.

맞아, 사람들에겐 괜찮아도,
반려동물에겐 인공 향이 훨씬
강하게 느껴지거든.

지금 이건 부드럽고 편안해요.

자, 그럼 시작해 볼까?
귀부터 살살 만져줄게.

강아지 귀에는 신경이 많이 모여
있어서, 부드럽게 자극해 주면
머리도 맑아지고
마음도 차분해져.

함께라서 행복해

특히 스트레스가 많은 날엔 귀
마사지만 해도 한결 편안해진단다.

맞아요, 아빠. 지금은 그냥...
조용히, 손길만 느끼고 싶어요.
아빠 손이 귀를 감싸줄 때마다 심장
소리가 들리는 것 같아요.

그 느낌, 아빠도 알아.
네 귀를 만질 때마다 표정이 점점
편안해지거든.

아빠, 예전에 귀에 진드기 생겨서
병원 다녀왔을 때요.

그날은 귀에 손도 못 댔는데,
아빠가 살살 만져주셨잖아요?
지금처럼요.

기억나. 그날 네 귀가 붉게 부어서
얼마나 걱정했는지 몰라.
그 뒤로는 귀 마사지를 더
조심스럽게 하게 됐지.

강아지 귀는 예민해서, 살짝만
만져줘도 몸 전체에 영향을 줄 수
있거든.

역시, 울 아빠는 진짜 전문가!
헤헤 🐕

아빠가 귀를 만져주면 시간이
멈춘 것 같아요. 그냥 세상이
조용해져요.

그럴 거야. 버디. 귀는 마음으로
통하는 작은 문이거든.
그래서 귀가 편안하면 마음도 함께
고요해져.

아빠... 이제 조금 졸려요. 편안한
느낌이 온몸으로 퍼지나 봐요.

이러다 저도 모르게 꿈나라로 갈지
몰라요.

함께라서 행복해

하하 , 그래, 버디야.
오늘은 아빠 손길 느끼면서 푹 자도
돼.

아빠 손이 머물던 그 자리에서
마음껏 쉬렴.

함께 걷는 발걸음

버디야, 오늘은 루나Luna랑 같이
산책하기로 했잖아. 기분이 어때?

좋아요, 아빠. 그런데 한 가지
궁금한 게 있어요.

그래? 뭐가 궁금한데?

음... 저는 빨리 뛰고 싶은데,
루나는 천천히 걷는 걸 좋아하나
봐요. 그래서 같이 걸을 때마다
발이 자꾸 엇갈려요.

하하 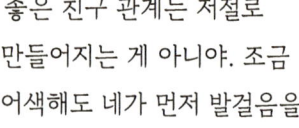. 그래서 뛰어놀 때
힘들었어?

힘들진 않은데, 어떻게 해야 할지
잘 모르겠어요.

좋은 친구 관계는 저절로
만들어지는 게 아니야. 조금
어색해도 네가 먼저 발걸음을
맞춰보렴.

나란히 걷다 보면 서로의 속도와
리듬이 닮아가고,
심장 박동도 조금씩 비슷해져.

그게 바로 공감의 리듬이야. 음악에
맞춰 같이 춤추는 것처럼 말이지.

아~ 그럼, 제가 먼저 루나 속도에
맞춰 볼게요, 아빠.

우리 버디, 정말 착하다. 그렇게
친구의 발걸음에 맞추다 보면,
루나도 네 리듬에 익숙해질 거야.

함께 걷는다는 건 서로의 호흡을
맞추는 일이거든. 그러면 마음도
자연스럽게 이어져.

아빠. 그럼, 그냥 걷는 게 아니라
서로 마음이 통하는 거네요?

물론이지. 마음이 맞지 않으면 오래
같이 걸을 수 없거든.

함께라서 행복해

좋은 친구와 함께 걷다 보면
스트레스 호르몬은 줄고,
세로토닌과 옥시토신 같은 행복한
호르몬이 더 많이 나와.

세로토닌? 옥시토신이요?
그런 게 제 몸에서도 나와요?

그럼 당연하지. 우리 버디도 아빠와
똑같아. 좋은 친구와 함께하면
행복한 호르몬이 나와서 심장이
튼튼해지고 면역도 좋아지는 거야.

그럼, 좋은 친구와 함께 걷는 건
약이 되는 거네요!

역시 우리 버디, 척하면 착이네. 딱
맞는 말이야.

참, 아빠. 오늘 지난번에 만들었던
허브 트릿 Herbal Treat 좀 가져가면
안 돼요? 루나한테도 나눠주고
싶어요.

좋은 생각인데? 루나와 간식을
나눠 먹으면 더 친해질 거야.
나도 루나 아빠와 허브티를 함께
마셔야겠다.

와~ 완벽하네요! 그런데 아빠,
오늘은 어떤 허브티를 가져갈
거예요?

오늘은 로즈마리Rosemary 로
해야겠다. 로즈마리는 항산화
성분이 풍부해서 피로도 풀어주고,
머리도 맑게 해줘.

와~ 그럼 저도 먹을래요.
루나와 같이!

하하 , 그래도 되지.
그럼 아주 조금만. 아빠가 마시고
남은 거 4분의 1정도만 맛보자.
그 정도면 충분해.

땡큐요, 아빠! 친구랑 같이 마시면
더 기분 좋을 것 같아요.

그래, 버디. 음식은 나누면 절반이
되지만, 마음은 두 배가 되는
법이지. 자, 이제 출발하자.

오늘은 아빠의 발걸음에 네가
맞춰볼래? 호흡이 자연스러워지면
아빠도 속도를 올려볼게.

네, 호흡을 맞춰 볼게요. 아빠랑
함께 걸으면 발걸음도 가벼워요.

그게 바로 아빠가 말하던
친환경 건강 생활이야.

버디와 친구들, 그리고 아빠가 함께
자연의 품에서 살아가는 지금처럼
말이야.

세 번째 약속

함께라서 행복해

세
번
째
약
속

Episode 31.

꿈속에서 만나요

버디야, 잘 잤어?
지금 막 깼구나. 피곤한지
초저녁부터 일찍 잠들더니,
혹시 꿈을 꿨니?

네, 아빠. 꿈을 꿨어요.

아빠랑 풀밭에 누워 있었는데,
햇살이 너무 포근해서 잠결에도
웃었던 것 같아요.

그랬어?
꿈에서도 같이 있었구나?

네. 아빠가 제 머리를 쓰다듬어
줘서 좋았어요.

오~ 그랬어?
아빠도 어젯밤에 너랑 산책하는
꿈을 꾼 것 같아.
조용한 공원이었는데 우리
둘뿐이었지. 하늘엔 별들이 가득
반짝이고 있었어.

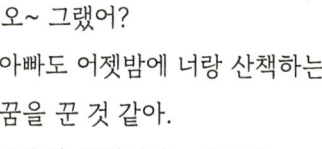

아빠, 하늘의 별이 너무 예쁜 것 같아요. 저 별들에는 누가 살고 있을까요?

글쎄, 아빠도 궁금하네.
정말 누가 살고 있을까?

저 별에도 이름이 있나요?
없으면 우리가 붙여줄까요?

좋은 생각인데? 버디.
세상에 이름이 없는 건 없잖아?
우리가 불러주면 그게 바로 이름이
되는 거지.

그럼, 하나는 제 이름으로 할래요!
저기 제일 반짝이는 별은 버디 별!

그리고 아빠 별은 바로 그 옆!

하하 , 그래.
두 별이 나란히 붙어있네.

함께라서 행복해

241

참 신기해요. 아빠랑 저는 다른
점도 많지만, 닮은 점도 많아요.

그러게. 우리는 서로 다른
모습으로 태어났지만,
지금 이렇게 함께 있다는
것만으로도 놀라워.

게다가 저 수많은 별 중에서
같은 별, 같은 시간 속에 있다는 건
기적 같아.

맞아요, 아빠. 그 많은 별 중에서
이곳에 우리가 함께 있다는 게 정말
신기해요.

그래서 아빠는 우리 만남을 그냥
우연이라 생각하지는 않아. 수많은
별 중에 우리가 여기서 만났다는 게
말이지.

아빠, 저도 같은 생각 했어요.

그리고 함께 있는 지금이 얼마나 소중한지도 느껴져. 시간은 언젠가 우리를 멀리 데려가겠지만, 이 마음만은 영원할 거야.

네 아빠. 우리가 멀리 떨어져 있더라도... 꿈에서는 만날 수 있었으면 좋겠어요.

정말 그랬으면 좋겠다.

자, 버디야. 이리 와서 아빠 다리 사이에 누워봐. 꿈속에서처럼 아빠가 쓰다듬어 줄게.

헤헤 🐶, 꿈에서도 현실에서도 아빠 손은 항상 따뜻해요.

그 따뜻함은 진짜야, 가끔은 꿈이 현실보다 더 또렷하게 느껴질 때가 있거든.

함께라서 행복해

버디야. 꿈이든 현실이든 우리가 함께한 기억은 모두 마음속에 살아 있어.

마음이 이어져 있다면, 헤어짐이 있어도 그 인연은 결코 끝나지 않으니까.

아빠의 얼굴을 핥아 줄 때

아빠, 왜 그래요?
무슨 일 있었어요?

오늘 집에 오실 때부터 표정이
안 좋아 보여서요.

그러게, 버디...
후~ 오늘은 좀 힘든 하루였어.

일이 잘 안 풀렸고, 같이 일하는
사람들과도 의견이 엇갈렸거든.

괜히 화를 냈는데, 생각해 보니
내 탓도 큰 것 같아서, 하루 종일
마음이 무겁네.

그래서 아빠가 오늘은 인사도
안 받아주셨구나.

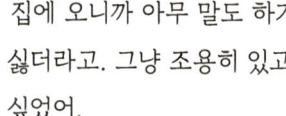
집에 오니까 아무 말도 하기
싫더라고. 그냥 조용히 있고
싶었어.

그래서 제가 바로 아빠 옆으로
갔어요. 기분이 안 좋으신 것
같아서요.

응. 그랬구나. 그래도 네가 곁에
있으니, 마음이 조금 풀린다.

사람은 말이야, 힘들고 지칠 때
누군가 조용히 옆에 앉아만 있어도
큰 위로가 돼.

네, 아빠 얼굴을 핥아줄게요. 제가
위로하는 방법이에요. 괜찮아요?

그럼, 괜찮지. 오히려 고마워.

네가 얼굴을 핥아 줄 때 그 마음이
다 느껴졌어. 말보다 그런 손길
하나가 훨씬 깊게 전해질 때가
있거든.

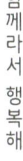

그냥 숨이 트이는 기분이랄까.
네가 곁에 있어서 다행이야.

함께라서 행복해

아빠가 조금이라도 괜찮아졌다니
좋아요. 저도 아빠 마음을 조금은
알 것 같아요.

고마워, 우리 버디. 신기하지? 다른
사람한테는 차마 꺼내지 못 하는
말도 너한테는 자연스럽게 나와.

아빠, 괜찮아요. 이렇게 잠깐 쉬면
다시 괜찮아질 거예요.

그래, 네가 함께 있어 주니까,
그게 큰 위로가 되네.

오늘은 제가 아빠 옆자리를
지킬게요. 좀 쉬세요.

그래, 고맙다.

오늘은 혼자가 아니라는 게,
참~ 좋다.

그럼, 이제는 조용히 꼬리만
살랑살랑 흔들게요. 헤헤

사랑해요, 아빠.

나도 사랑해. 우리 버디.

세
번
째
약
속

버디와 즐기는 허브티 타임

버디야, 오늘은 걸음이 평소 같지 않네. 발끝도 무겁고, 눈빛도 지쳐 보여. 기운이 없니?

맞아요, 아빠. 오늘은 그냥 가만히 있고 싶어요.
다리도 무겁고요.

음, 요즘 버디 체력이 조금 떨어진 것 같네. 어디 보자...

코끝이 살짝 건조하고, 귀도 차가운 게... 뭔가, 버디 몸이 신호를 보내는 것 같은데?

제 몸이 신호를 보내고 있다고요?
저는 아무 말도 안 했는데요.

하하 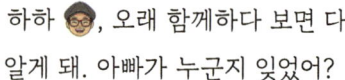, 오래 함께하다 보면 다 알게 돼. 아빠가 누군지 잊었어?

좋아, 우리 버디를 위해 오늘도 아빠가 허브 레시피를 하나 만들어 볼까?

갑자기 호기심이 생기는데요?

지금은 환절기라서 면역력이 떨어질 수도 있으니까, 면역을 돕는 허브티를 만들어 보자.

우와~ 이번에는 어떤 허브를 쓸 거예요?

아마도 네가 처음 들어 보는 허브들일 거야.

아빠, 저도 조금은 알아요.
노란 카모마일 Chamomile 꽃이랑,
향기가 독특했던 초록 잎,
레몬밤 Lemon Balm 도요.

오~ 우리 버디가 이제 허벌리스트가 다 됐네.

이번엔 특별한 허브를
써 볼거야. 에키네시아 Echinacea 랑
아스트라갈러스 Astragalus 란다.

들어본 적 없는 이름이에요.
무슨 허브예요?

에키네시아는 몸의 면역 세포들이
제 역할을 잘하도록 돕고, 세균이나
바이러스와 싸우는 힘을 키워주는
허브야.

아스트라갈러스는 기운이 없을 때
에너지를 회복시키는 데 도움을
주지. 둘을 함께 사용하면 든든한
파수꾼이 되는 셈이야.

와~ 듣기만 해도 힘이 나는데요.
그럼 기운 없을 때 마시면
좋겠네요?

정확해! 그리고
꾸준히 마시면 더 좋아.

세
번
째
약
속

아빠도 같이 마시면 안 돼요?
저한테 좋은 거면 아빠한테도 좋을
것 같아요.

하하 , 아빠 건강까지 생각해
주는구나. 고맙다 버디야.

그래, 아빠와 버디 둘 다 마실 수
있어. 다만 마시는 양이나 횟수는
달라야 하지.

아~ 그렇군요. 아빠.

자, 아빠가 직접 말려둔 허브를
천천히 달여볼게. 두 허브 모두
뿌리 부분을 쓰기 때문에,
끓는 물에 달여야 유효성분이 잘
나오거든.

좋아요, 아빠. 완성되면 정원에
나가서 같이 마셔요.

좋지. 마시기 좋게 조금 식혀 줄게.
자, 버디야.
한번 맛을 보렴, 어때?

음~ 따뜻하고 부드러워요. 몸이
다시 깨어나는 기분이에요. 이게
허브의 힘이에요?

그렇기도 하지만
아빠는 이렇게 생각해.

자연이 주는 치유의 힘은,
네 몸이 스스로 회복하려는 노력을
돕는 것에서 시작돼.
허브는 그 길 위에서 조용히 손을
내밀어 주는 존재야.

아~ 허브는 그럼, 스스로 회복할
수 있도록 돕는 친구 같은 거군요?

맞아. 버디야. 몸이 약해졌을 땐
빨리 나아야 한다는 조급함보다,

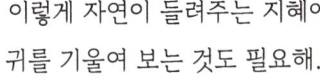
이렇게 자연이 들려주는 지혜에
귀를 기울여 보는 것도 필요해.

그럼, 허브티 타임은 자연의
이야기를 듣는 시간이네요!

그렇지, 버디야. 따뜻한 차 한 잔,
그리고 느린 숨 한 번. 그게 오늘
우리에게 필요한 전부야.

세
번
째
약
속

계절이 바뀌는 시간

버디야, 요즘 아침 공기가
달라진 거 느껴지니?
바람이 한결 시원해졌어.

네, 풀 냄새도 다르고 햇빛도 조금
부드러워진 것 같아요.

맞아. 계절이 바뀌고 있는 중이야.
정원의 향기도 조금씩 달라지고
있지. 그거 아니? 이런 변화를
가장 먼저 알아차리는 건 언제나
식물이란걸.

그래요? 아까 산책할 때
나뭇잎들이 평소보다 조용하게
흔들렸어요. 마치 쉬는 연습을 하는
것처럼요.

멋진 표현인데, 버디. 맞아. 이제
가을이 오고 있단 신호야. 앞마당
정원을 봐. 식물들이 천천히 휴식을
준비하고 있잖아.

세 번째 약속

저는 냄새랑 바람으로 느끼는데,
아빠는 어떻게 알아요?

아빠는 주로 색과 촉감으로 느끼지.
풀잎의 색깔, 줄기의 힘, 흙의
온도... 그런 것들이 알려줘.

저기 봐, 레몬밤은 잎끝이 살짝
시들기 시작했고, 카모마일 꽃잎도
떨어지고 있잖아.

식물도 계절에 따라 조금씩
변하는군요. 그럼, 저도 계절이 바뀔
때마다 달라지는 걸까요?

당연하지. 아빠가 말했잖아.
사람이나 동물, 식물 모두 지구라는
집에서 함께 살아가는 한 식구라고.

그래서 계절이 변하면 우리 모두
비슷한 변화를 겪게 되는 거야.
그건 아주 자연스러운 일이란다.

함께라서 행복해

맞아요. 아빠. 지구에 사는 우리는
모두 연결된 거죠? 그러니 다 같이
변하는 거고요.

응. 아빠는 그게 참 고맙게 느껴져.
계절은 마치 우리 몸의 리듬을
조율해 주는 자연의 메트로놈
같거든. 피아노 칠 때 박자
맞춰주는 그 도구 말이야.

자연의 메트로놈이라니~
아빠, 정말 멋진 표현이네요.

그치? 요즘 들어 아침에 늦잠 자고,
하루를 천천히 시작하게 되는 것도
다 그 때문이야.

우리 몸이 자연의 시간표에 맞춰
스스로 리듬을 조절하고 있는
거거든.

세 번째 약속

그럼 좋은 거네요, 아빠! 전 몸이
둔해진 줄 알고 걱정했어요.

그건 둔해진 게 아니라,
자연의 속도에 맞춰 가는 거야.

그래도, 조심해야지. 계절이 바뀌는
시기에는 우리 몸의 균형이 쉽게
흔들릴 수 있거든. 감기 같은 거
말이야.

아빠, 그러면 미리 예방하면
되잖아요! 아빠가 자주 만들어
주는 허브티 마시면서요.

하하 , 이젠 우리 버디가
아빠보다 더 전문가 같은데?

맞아, 이런 환절기엔 많은 사람이
면역력을 끌어올리는 데만 신경을
쓰지. 하지만 아빠는 자연의 변화에
순응하는 것이 진짜 면역력을
지키는 방법이라 생각해.

우리 몸은 외부의 변화와 억지로
싸우기보다, 그 변화에 천천히
적응할 때 훨씬 더 건강해지거든.

그럼, 지난번에 아빠가 주셨던
그 허브티도 그런 역할을 하는
거예요?

맞아. 그때 이야기했던
에키네시아 Echinacea 와
아스트라갈러스 Astragalus 기억하지?

그 두 허브는 우리 몸이 스스로
균형을 회복할 수 있도록 도와주는
친구들이야.

만약 그 허브들이 없다면,
로즈힙 Rose Hip 이나
리코라이스 Licorice 도 괜찮아.
면역력을 조절해 주고, 계절의
변화에 적응하도록 돕거든.

그럼, 오늘도 허브티 마시고 싶어요.
계절에 맞춰, 자연의 메트로놈이
되어 줄 허브로요.

그래, 그게 좋겠다. 오늘은 계절을
온전히 받아들이는 허브티로
마무리하자.
억지로 에너지를 끌어올리는 게
아니라, 서서히 속도를 맞춰 갈 수
있도록 말이야.

네 알겠어요. 아빠.

이건 꼭 기억하렴. 면역력은 싸우는
힘이 아니라, 회복할 수 있는
여유에서 나오는 거야.

피곤할 땐 잠시 쉬어가는 하루가,
진짜 건강한 내일을 만들어 준단다.

함께라서 행복해

Episode 35.

아빠, 자꾸 기침이 나요

버디야. 왜 자꾸 킁킁거려?
어디 불편해?

아빠, 오늘 아침엔 코가
간질간질해요. 기침도 자꾸 나오고,
숨 쉬는 게 조금 불편해요.

아침 기온이 제법 차갑지?
공기도 건조해. 이럴 땐 코점막이
예민해지고, 마른기침도 생길 수
있어.

아~ 그래서 기침이 나는 거군요.

특히 이렇게 계절이 바뀌는
환절기에는 변하는 환경에 몸이 더
민감해지거든.

근데 아빠, 아까 데우던 주전자에서
풀 냄새가 나는 것 같은데요?

세
번
째
약
속

역시, 후각이 예리하네. 네가
마른기침을 좀 하는 것 같아서
아빠가 미리 준비하고 있었지.

향기가 좋은데요?
아빠, 코도 시원해지는 것 같아요.

응, 그 향기는 멀린 Mullein 이랑
타임 Thyme 허브야.

그럼, 오늘도 허브티 마셔요?

하하 . 이번엔 조금 달라.
오늘은 마시는 게 아니라,
외부용으로 쓸 거야.

외부용이요? 몸에 바르는 거요?

비슷해. 허브 찜질 Herbal Compress
이라고 해. 허브티처럼 따뜻하게
우려낸 뒤 깨끗한 면 수건을 적셔
스팀 타월로 쓰는 방법이지.

함께라서 행복해

아빠가 어떻게 하는지 보여줄게~

이걸 네 가슴과 목 위에 덮어줄
거야. 허브의 성분과 따뜻한 증기가
호흡기를 부드럽게 열어주고,
숨을 편하게 해 주거든.

우와~ 허브티를 이렇게도 쓸 수
있군요! 향도 정말 좋아요.
나무 냄새 같아요.

자. 옆으로 편하게 누워봐.
아빠가 덮어줄게.

아빠, 좀 뜨겁기는 한데,
숨은 훨씬 깊게 쉬어져요!

어때, 우리 버디?
허벌리스트 아빠의 솜씨, 괜찮지?
^^

와, 진짜 대단해요! 아빠.
근데 멀린은 처음 들어봐요.
어떤 허브예요?

멀린은 오래전부터 폐와 기관지를
부드럽게 보호하는 데 쓰여 왔어.
그래서 건조하거나 예민해서 생기는
기침에 좋아.

그럼, 저 같은 강아지에게도 좋은
거예요?

물론 우리 버디에게도 도움이 되지.
사용하는 방식은 사람과 차이가
있지만, 원리는 같아.

그럼, 타임은요? 앞마당 허브
정원에 있는 거죠?

맞아. 바로 그거야. 타임은 나쁜
세균을 막아주는 항균 작용이 아주
뛰어나, 기관지를 보호하고 염증을
완화하는 데 도움을 줘.

함께라서 행복해

하지만 향이 강하니까,
반려동물에게는 아주 조심해서
써야 해. 농도를 높이지 말고,
은은하게 써야 하거든.

그런 것 같아요. 전에 아빠 친구가
준 방향제 뿌렸을 땐, 코가
따끔거리고 머리도 띵했어요.

그래서 아빠가 디퓨저나 향기
오일을 쓰지 않는 거야.

반려견에게는 인공 향이나 강한
아로마 제품이 오히려 스트레스가
될 수 있거든. 이렇게 자연 그대로의
향을 아주 은은하게 쓰는 게 좋은
거란다.

아빠, 따뜻한 타월이 닿으니까,
몸이 스르르 풀려요.
숨도 편해지고요. 허브가 이렇게
도와주는 거예요?

그게 바로 허브의 비밀이지. 식물이 병을 치료하는 게 아니야. 네 몸이 스스로 회복할 수 있는 환경을 만들어 주는 거지.

아빠 같은 허벌리스트는 그 자연의 비밀을 풀어내는 전문가라고 할까? ^^

아빠 말 듣고 있으면, 허브가 그냥 향기 좋은 풀잎이 아니라 살아 있는 친구 같아요.

당연하지. 저기 정원에 있는 허브들을 보렴. 식물은 한자리에 머물러 있지만, 사실 주변의 친구들을 서로 돕고 있단다.

우리 허브 정원의 친구들이 모두 그런 고마운 존재들이야.

그럼, 아빠. 우리 정원에도 멀린이 있어요? 보고 싶어요!

그럼, 있지. 정원 저쪽 그늘진 자리
있지? 거기가 바로 멀린과 타임의
보금자리야.

내일 아침 햇살이 따뜻할 때
가보자. 그때 향이 제일 싱그럽고,
잎도 보드라워.

정말요? 그럼. 내일 아침 일찍
일어나서 기다릴게요! 허브도
배우고, 향도 맡아볼래요.

그래, 버디야. 단지 아프지 않다고
건강한 게 아니야.
몸과 마음이 편안하고 조화로운
상태가 진짜 건강한 거지.
자연은 그걸 가르쳐주고 있단다.

세
번
째
약
속

Episode 36.

운동 후 밀려오는 피로감

버디야, 오늘 아빠랑 원반던지기 어땠어? 힘들지 않았어?

와, 정말 잘 뛰더라. 원반을 잡으러 몇 번이나 달려갔는지 아빠가 다 셀 수가 없었어.

 아빠. 원반던지기는 너무 재밌었어요! 그런데 집에 오니까 엄청 피곤해요.

하하 , 당연하지. 아빠도 좀 지쳤는걸. 오늘은 우리 둘 다 꽤 열심히 놀았네.

버디 너도 무리했어. 지금 보니 꼬리에도 힘이 빠져 있네.

 발목이랑 무릎도 약간 뻐근하고 무거운 기분이에요.

그럴 줄 알았지. 아빠랑 오래오래
즐겁게 놀려면, 우리 버디도 체력
관리를 좀 해야겠다.

음~ 오늘은 운동 후에 먹을 수
있는 허브 간식을 만들어 줄까?

와! 간식이요?
아빠! 맛있는 거 만들어 주세요!

좋아. 오늘은 아빠표
허브 트릿 Herbal Treat 을 만들어
보자. 지친 몸을 회복시키는 허브를
넣어서 말이야.

허브 트릿이요? 아빠가 잘했다고
칭찬하면서 주시는 그 과자
말이죠?

맞아, 그거. 오늘은 좀 더
영양식으로 만들어 볼 거야.
자, 그럼, 아빠의 보물창고를
한번 열어볼까?

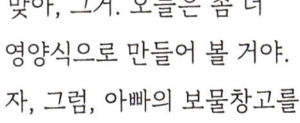

함께라서 행복해

음, 여기 진저 Ginger 파우더 조금
있고, 니틀 Nettle 파우더도 남았네.
그리고 데빌스클로 Devil's Claw 도
있구나. 오케이, 오늘은
이 세 친구를 넣고 만들어 보자.

와~ 아빠의 보물창고는 너무
신기해요.

^^ . 자, 오트밀을 반죽
베이스로 쓰고, 여기에 허브
파우더를 넣자. 계란 한 개,
코코넛오일 약간, 그리고 따뜻한
물로 농도를 맞춰줄 거야.

와, 냄새가 고소해요.
다음엔 어떻게 해요?

반죽이 잘되었으니까
이제 오븐에 구워야지.
바삭하게 구워야 식감이 좋거든.

아빠, 이건 맛도 좋고 몸에도 좋은
거죠?

그럼~ 오늘처럼 많이 뛰어놀면
근육도, 관절도 피곤하잖아.
그래서 이런 날엔 회복을 돕는
허브를 넣어주는 게 좋아.

데빌스클로는 관절의 염증이나
근육 통증이 있을 때 좋고,
니틀은 미네랄과 비타민이 풍부한
영양제 역할을 해. 그리고 진저는
몸을 따뜻하게 해서 피로를
풀어주지. 오늘도 명품 간식의
탄생일 듯! ^^

헤헤 🐶 아빠 최고!
그럼 많이 먹어도 되는 거죠?

잠깐만, 버디야 욕심내면 안 돼.
우선 체중부터 확인해 보자.

함께라서 행복해

279

음, 20킬로 조금 넘네. 그럼,
하루에 두 개 정도가 적당해. 많이
먹으면 부담될 수 있어.

네, 알겠어요. 아빠.

자, 이제 다 구워졌다.
한 개만 먼저 맛보자. 어때?

음~ 고소하기도 하고 살짝 쓴맛이
나요. 달콤하지는 않네요.

그게 바로 건강한 쓴맛이라고
할까? 너무 달콤한 간식은 안 돼.
우리 버디가 건강을 위해 먹는
특별한 영양식이니까.

그럼, 운동 후에 먹는 거예요?

응, 오늘처럼 힘껏 뛰고 나서
먹으면 근육도 훨씬 부드러워지고
관절도 편안할 거야.

그리고 저녁엔 아빠가 허브 오일로 다리 마사지도 해 줄게. 몸이 충분히 회복될 수 있도록 말이야.

고마워요. 전 아빠가 만들어 주는 간식이면 다 좋아요.

그래, 버디야. 운동도 중요하지만, 쉬는 건 더 중요해. 알지? 몸이 충분히 쉴 때 비로소 회복이 시작되는 거니까.

세
번
째
약
속

Episode 37.

수확의 기쁨

아빠, 저 정원에 갔다 왔는데요.
허브 잎들이 햇살 속에서
반짝였어요. 꼭 웃고 있는
것처럼요.

그래? 정말 잘 봤구나. 그럼
버디야, 오늘은 아빠랑 같이 허브를
직접 수확해 볼까?

우와! 저도 할 수 있어요?
그냥 막 뜯으면 안 되죠?

그럼, 물론이지. 식물에도 감사한
마음과 예의가 필요하단다.

아빠가 줄기를 잡아 줄 테니까,
너는 코로 천천히 냄새 맡아 보렴.
그럼, 아빠가 잎을 따볼게.
그게 우리만의 수확 방식이야.

알겠어요, 아빠.
재미있을 것 같아요.

아빠가 바구니를 준비할게.
그동안 버디는 먼저 가서 마음에
드는 허브 친구를 골라봐.

아빠! 이 허브요. 냄새 맡으니까,
기분이 좋아져요. 이거 먹어 본 적
있는 것 같아요.

그게 바로 레몬밤 Lemon Balm 이야.
마음을 진정시켜 주는 성분이
있어서, 불안하거나 잠이 오지 않을
때 도움이 되는 허브지.

맞아요! 전에 무서운 꿈 꾸고 나서
아빠가 이 허브로 차를 만들어
줬어요.

맞아. 기억하네. 우리 버디.
그때 네가 금세 진정됐었지.

아빠. 이건 페퍼민트죠?
향이 확 나요!

함께라서 행복해

285

정답. 이제는 허벌리스트가 다
됐네. 기억나지? 더운 날에 아빠가
페퍼민트 넣은 시원한 음료 만들어
줬던 거?

그럼요! 그걸로 아이스 큐브도
만들어 먹었잖아요.

그래, 오늘은 이 허브들을 함께
수확하자. 햇살 좋은 날 자란
잎은 향도 부드럽고, 유효성분도
풍부하거든.

게다가 우리가 직접 손으로 딴
허브니까 더 특별하지 않겠니?

맞아요, 아빠. 저도 도움이 되는 것
같아 뿌듯해요.

저기 저 노란 꽃들 보이지?
카모마일 Chamomile 도 시들기 전에
함께 따보자.

오늘 수확한 레몬밤에
카모마일을 조금 섞어서 아주 연한
허브티를 만들자.
두 허브가 만나면 향이 부드럽고,
마음이 편안해지는 허브티 블렌딩이
될 거야.

블렌딩이요? 서로 잘 어울리는
친구처럼 함께 쓰는 거죠?

정확해, 버디야. 허브도 혼자 있을
때와 함께 있을 때가 다르지. 서로
잘 맞는 친구들이 만나면 더 깊은
향과 힘이 생겨.

그럼, 꼭 저랑 루나 Luna 같아요!
같이 산책할 때 서로 보조 맞추면
더 즐겁잖아요!

맞다, 버디야. 너랑 루나가 나란히
걷는 모습을 보면 아빠도 괜히
기분이 좋아져.

함께라서 행복해

아빠는 허브를 연구하고
사용하는 일도 좋지만,
이렇게 너와 함께 직접 기르고,
수확하고, 함께 나누는 시간이
더 좋단다. 이게 아빠의 힐링
타임이야.

저도요. 아빠가 허브티 만들 때
퍼지는 향이 좋아요. 물 속에서
춤추는 잎들을 보면 마음도
편안해지고, 아빠랑 이야기도 나눌
수 있어서 행복해요.

그렇지? 허브티를 준비하는
15분도 힐링이야.
꼭 무언가를 해야만 치유가 되는
건 아니거든. 잠시 멈추고 서로의
존재를 느끼는 그 시간이 치유지.

오늘도 시인 같아요, 아빠. 헤헤

하하 , 그래?
자, 허브티 향이 더 깊어졌네.
버디야, 아주 조금만 맛볼래?

음. 코끝이 먼저 반응해요.
허브티가 목을 따라 내려가니까,
온몸이 따뜻해져요.

우리가 직접 수확한 거라 더 좋을
거야.

아빠, 정원에 있는 허브를 하루에
하나씩 함께 수확해 보고 싶어요.
향도 맡고, 맛도 보고, 피부로도
느껴보면서요.

좋은 생각이야.
우리 정원은 초록 약국이지. 너와
아빠의 행복한 놀이터이기도 하고.

함께라서 행복해

Episode 38.

아빠는 녹색 요리사

버디야, 오늘은 아주 맛있는
간식을 만들어 줄 거야.

와~ 어떤 간식이에요? 허브
젤리예요, 아니면 닭고기 스프요?

둘 다 좋지만,
오늘은 조금 색다른 걸로 해보자.
바로 허브 쿠키야.

쿠키요? 와~ 좋아요!
어떤 맛일지 벌써 기대돼요.

은은한 레몬 향이 날 거야. 아빠가
자주 쓰는 레몬밤 Lemon Balm 을 넣을
거거든.

지난번에 로즈마리 Rosemary
이야기했었지? 레몬밤에도
로즈마린산 Rosmarinic acid 이라는
항산화 성분이 있어. 그래서 마음이
안정되고 소화에도 좋아.

세 번째 약속

헤헤 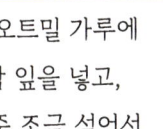, 그럼, 기분도 좋아지고
배도 편해지는 거네요, 아빠!

그렇지. 오늘은 오트밀 가루에
잘게 다진 레몬밤 잎을 넣고,
달걀과 꿀을 아주 조금 섞어서
구워볼 거야.

아빠, 저 꿀 먹어도 돼요?

아주 소량이면 괜찮아.
하지만 당분이 많으니까
자주 주진 않을 거야.
오늘처럼 가끔 아빠가 요리를
해줄때만 먹으면 괜찮지.

네, 오랜만에 아빠가 해주시는
간식 생각에 너무 신나요.

그동안 아빠가 바빠서 영양 간식을
못 해 주었잖아. 그래서 오늘은
버디를 위해 요리사가 되려고.

함께라서 행복해

293

아빠랑 같이 만드는 거 좋아요!
그럼, 제가 반죽 도와드릴까요?

하하 , 네 발로는 반죽이 좀
어려울걸? 대신 냄새 맡는 담당을
해 줘. 그건 버디가 전문가잖아.

헤헤 , 냄새라면 제가 1등이죠!

좋아. 이제 반죽에 레몬밤을 넣자.
허브는 많이 넣으면 향이 강해서
오히려 맛이 없어.
적당히 사용하는 게 좋아.

아빠는 항상 **적당히**라고 말하는
것 같아요.

하하 , 그래. 허브는 양이
많다고 좋은 게 아니거든. 특히
강아지는 사람보다 체중도 작고
대사 속도도 다르니까, 그 차이를
생각해서 적당히 써야 해.

아빠. 또 **적당히**라고 했어요.
헤헤

 하하 . 그러게. 이건 아빠 몸에
밴 생활 철학이거든.

가만, 이번엔 단호박도 추가해
보자. 영양도 좋고 맛도 부드러워질
거야.

 와~ 제가 제일 좋아하는 건데!
기대돼요!

좋아, 이제 쿠키 모양 틀에 넣고,
오븐으로 고고~! ^^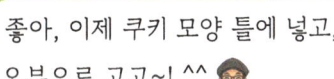

 아빠. 이 쿠키는 제 친구들도 먹을
수 있죠?

물론이지.
다만 당뇨나 알레르기가 있는
친구는 조심해야 해.

그리고 샤미 Siammy 같은 고양이
친구들에게는 주지 않는 게 좋아.

아~ 고양이 친구는 예민할 수
있으니까요?

맞아. 샤미는 특히 향기나 식감에
민감하거든. 그래서 반려묘에게는
허브를 더 주의해서 써야 해.

자, 이제 시간이 다 됐네.
오븐에서 꺼내볼까?

벌써 냄새가 최고예요!
이제 먹어도 돼요?

아직은 안 돼. 뜨거울 때 먹으면
입을 델 수 있으니까. 조금 식을
때까지 기다리자.

알겠어요. 근데 쿠키에서 눈을
못 떼겠어요. 헤헤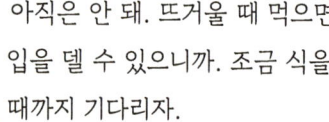

하하 , 버디는 눈으로도
먹는구나. 쿠키가 다 식으면
루나에게도 나눠 주자.

 아빠는 진짜 최고의 요리사예요.
버디만의 녹색 요리사!

하하 , 마이 프레저.
아빠가 더 행복해.

세
번
째
약
속

Episode 39.

최고의 생일선물

버디야, 오늘이 무슨 날인지
알고 있니?

네, 알아요. 아빠도 기억하고
있었네요. 헤헤

그럼, 오늘은 우리가 처음 만난
날이잖아. 그래서 이날을 네 생일로
정했지.

시간이 참 빠르다. 벌써 세 번째
생일이네.

그러네요, 아빠와 함께라서 너무
행복해요.

아빠도 그래. 그래서 버디 선물을
준비했어. 짜잔~ 이름하여
황금 허브 수프 Herbal Soup!

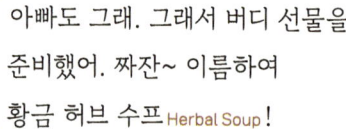

황금이요? 먹을 수 있는 거예요?

하하 , 진짜 금은 아니고, 터메릭 Turmeric 이 들어간 황금색 수프야. 우리 버디를 위해 아빠가 몇 시간 동안 끓여낸 특별식이지.

우와~ 수프라면 속이 따뜻해지는 음식이죠?

맞아. 요즘 아침저녁으로 공기가 쌀쌀하니까, 몸을 따뜻하게 해 줄 거야.

터메릭은 그 노란색 허브 맞죠?

응. 터메릭에는 커큐민 Curcumin 이라는 성분이 들어 있어. 그래서 버디의 관절에도 좋고 몸도 따뜻하게 해 주지.

뛰고 달리는 거 좋아하는 저한테는 딱이네요!

그렇지? 대신 향이 강하고 약간 쓴맛이 있어서 아주 조금만 넣었어. 닭고기랑 끓이면 맛은 좋을 거야.

아빠, 터메릭은 우리 정원에서 키운 거예요?

아니, 이번엔 허브 농장에서 사 온 거야. 깨끗하게 건조된 뿌리를 직접 갈아서 아빠 보물창고에 넣어 뒀지. 아직 향이 남아있지?

네, 정말 진한 향이에요. 역시 우리 아빠 최고!

하하 , 고마워. 오늘은 기름기 없는 닭고기에 쌀을 넣고, 마지막에 터메릭을 살짝 넣었어. 그래야 향도 은은하고 속도 편하지.

요리에도 순서가 있네요?

그럼. 요리는 온도와 순서가
생명이야. 그리고 터메릭은
기름과 만나야 흡수가 잘돼서
올리브오일도 한 방울 넣었어.

와~ 진짜 건강식이네요!

그치? 하지만 뭐든 적당히
섭취해야지. 너무 자주 먹으면
부담이 될 수 있으니까,
이틀에 한 번 정도면 좋아.

네, 알겠어요. 아빠.

이 수프는 아빠랑 신나게 뛰어놀고
왔을 때도 해 줄게. 관절에 좋고,
피곤한 근육 회복에도 도움이
되니까.

아빠, 오늘 생일선물은 평생 잊지
못할 거예요. 맛있고 따뜻하고…
아빠 마음이 그대로 느껴져요.

함께라서 행복해

아빠도 고마워, 버디야.
아빠한텐 네가 가족이 된 게
가장 큰 선물이란다.

저도요, 아빠! 진짜 가족이라는
것이 너무 감사해요.

아빠, 저 이제 먹어봐도 돼요?

그래, 천천히. 뜨겁지 않게.

음~ 진짜 맛있어요! 아빠 마음이
담겨서 더 최고예요.

그래, 버디야. 아빠도 버디 너와
함께라서 참 행복해. ^^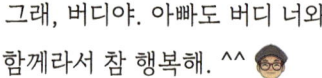

함께라서 행복해

에필로그

피코루아, 영원한 약속

버디야, 오늘은 아빠가
평생 간직할 아주 특별한 선물을
주고 싶어.

헤헤 . 혹시 먹는 건가요?
아니면 새 장난감이에요?

아니야. 이번엔 조금 더 특별한
거란다. 짜잔~ 봐!
초록빛 돌이 달린 목걸이야.

이건 뉴질랜드 남섬에 있는
그린스톤 Greenstone 이라는 거야.

이 모양은 영어로 트위스트 Twist,
원주민인 마오리 언어로는
피코루아 Pikorua 라고 해.

피코루아... 이름도 예쁘네요.
그런데 왜 이렇게 꼬불꼬불 서로
얽혀 있어요?

피
코
루
아

307

응. 그건 두 선이 서로 다른 길을
가더라도, 결국 다시 만나 영원히
이어진다는 뜻이야.

피코루아는 **멀리 떨어져 있어도
마음과 영혼은 끊어지지 않는다**는
의미를 담고 있지. 그래서 소중한
사랑과 우정, 인연을 상징해.

와~ 아빠랑 저 같아요!
떨어져 있어도 마음은 언제나
함께 있잖아요.

그렇지, 버디야. 피코루아에는
여러 모양이 있는데, 한번 꼬인
싱글 트위스트 Single Twist 는
둘 사이의 특별한 관계를,
여러 번 꼬인 모양은 더 넓은
관계를 상징해.

그럼, 아빠랑 저는 싱글 트위스트,
우리 둘만의 특별한 인연이죠!

맞아. 이 모양은 뉴질랜드 숲속
양치식물의 새순에서 영감을
받았단다. 서로 감기며 자라나는
모습처럼, 함께 기대어 성장하는
모습이기도 해.

숲에서 태어난 모양이라니,
정말 멋져요. 아빠랑 제가 함께
살아가는 모습 같아요!

그래. 그래서 마오리 사람들은
피코루아를 선물하며 서로를
축복하지. 이건 단순한 장식이
아니라, 함께 걸어가자는 약속의
상징이니까.

아빠, 이 목걸이를 저 주시는
거예요?

물론이지. 그래서 두 개야.
하나는 아빠를 위해, 다른 하나는
버디를 위해 준비했어.
자~ 목에 걸어줄게.

피
코
루
아

와~ 초록빛이 반짝여요. 아빠랑 제가 이어져 있는 것 같아요.

그래, 버디야. 이 목걸이엔 우리가 함께한 시간이 다 담겨 있단다.

처음 만났던 날, 두려워하던 눈빛, 함께 걸었던 숲길, 잠 못 이루던 밤에 나누던 허브티의 향기까지...

아빠, 이건 우리만의 약속이네요. 하지만 다른 친구들에게도 용기가 될 것 같아요.

저도 처음엔 입양을 기다리면서 무섭고 외로웠지만, 이제는 이렇게 따뜻한 가족을 만났으니까요.

그래, 버디야. 그래서 아빠는 이 피코루아에 담긴 이야기가 우리만을 위한 것은 아니라 생각해.

모든 반려동물 가족과도 나눌 수 있는 이야기라고 믿어.

이 넓은 우주에서 함께 살아가고 있다는 건, 분명 기적이니까.

맞아요, 아빠.
다른 가족들도 이 피코루아의
약속을 기억했으면 좋겠어요.
서로의 마음이 영원하도록...

참고문헌

- Donaldson, J. (2013). The culture clash: A new way of understanding the relationship between humans and dogs (Rev. ed.). Wenatchee, WA: Dogwise Publishing.

- Brown, K. (n.d.). 10 herbs for happy, healthy dogs. Self-published.

- McConnell, P. B. (2002). The other end of the leash: Why we do what we do around dogs. New York, NY: Ballantine Books.

- Shim, E. (2025). Materia Medica for Animals. GMANZ, New Zealand. LaehNamuh Publishing.

- Stein, D. (1994). The natural remedy book for dogs and cats. Berkeley, CA: The Crossing Press.

- Horowitz, A. (2009). Inside of a dog: What dogs see, smell, and know. New York, NY: Scribner.

- McConnell, P. B. (2006). For the love of a dog: Understanding emotion in you and your best friend. New York, NY: Ballantine Books.

- Wellock, D. G. (2013). Health and nutrition for dogs and cats: A guide for pet parents. Lanham, MD: Rowman & Littlefield Publishers.

- McConnell, P. B. (2009). Tales of two species: Essays on loving and living with dogs. Wenatchee, WA: Dogwise Publishing.

- Shim, E. (2025). The Secret of Herbs II: Phytotherapy. Seoul, LaehNamuh Publishing.

- New Zealand Tourism. (n.d.). Pounamu: Greenstone. Retrieved October 9, 2025, from https://www.new-zealand.com

- Te Ara – The Encyclopedia of New Zealand. (n.d.). Greenstone (Pounamu). Retrieved October 9, 2025, from https://teara.govt.nz

Hello Buddy
헬로우 버디

초판 1쇄 발행 2025년 11월 1일

지은이	아이즌 심 Eisen Shim
펴낸이	유선옥
삽 화	김하민
표지 디자인	김하민
편 집	라에나무 미디어

펴낸곳	㈜한국다이너퓨처
출판등록	제25100-2020-000062호
주 소	서울시 경인로 638 101동 402호
구입문의	02-3288-0388
홈페이지	www.라에나무.com

ISBN 979-11-953648-4-8